Diana ANGHEL

SCHIZOFRENIA ŞI CALITATEA VIEŢII

Modele, terapie şi management psiho-social

Iaşi
2013

SCHIZOFRENIA ŞI CALITATEA VIEŢII
MODELE, TERAPIE ŞI MANAGEMENT PSIHO-SOCIAL
Diana ANGHEL

Copyright Editura Lumen, 2013
Iaşi, Ţepeş Vodă, nr.2

Editura Lumen este acreditată CNCS

edituralumen@gmail.com
prlumen@gmail.com

www.edituralumen.ro
www.librariavirtuala.com

Redactor: Roxana Demetra STRATULAT
Design copertă: Roxana Demetra STRATULAT

Descrierea CIP a Bibliotecii Naţionale a României
ANGHEL, DIANA
    Schizofrenia şi calitatea vieţii : modele, terapie şi management psihosocial / Diana Anghel. - Iaşi : Lumen, 2013
    ISBN 978-973-166-365-4

616.895.8

Diana ANGHEL

SCHIZOFRENIA ŞI CALITATEA VIEŢII

Modele, terapie şi management psiho-social

Iaşi
2013

MULȚUMIRI

Le sunt recunoscătoare editurii Lumen pentru acceptul colaborării.

Mulțumesc medicilor pentru sprijinul acordat, fără de care nu ar fi fost posibilă cercetarea.

Mulțumiri speciale sprijinului acordat de Ministerul Educației Naționale.

Dedic această carte tuturor familiilor,
celor care suferă de schizofrenie, umanității.
Curajul vostru, răbdarea și speranța de recuperare
sunt o sursă de inspirație pentru noi toți.

Mamei mele

*„si se ha hecho de la alienación psicológica la consecuencia
última de la enfermedad es para no ver la enfermedad en lo que
realmente es: la consecuencia de las condiciones sociales en las que el
hombre está históricamente alienado".*

M. Foucault (1954), p. 104

Cuprins

Cuvânt înainte

M-am bucurat sincer când mi s-a cerut să scriu o prefață unei cărți ce se referă la boala psihică schizofrenia, cu cât mai mult, văzând că această boală psihică schizofrenia este abordată de un psiholog. Cartea cercetează tema din punct de vedere psihologic prin intermediul unor studii de mare actualitate, această inițiativă a autoarei trebuie felicitată.

Boala ca atare, ridică multe probleme azi atât pentru specialiști, în ceea ce privește diagnosticul, etiologia, tratamentul, prognosticul, probleme sociale, etc., cât și pentru bolnav, reacția diferă de la un individ la altul și greu găsim doi să se asemenea între ei în simptomatologie.

Apoi pentru a le cuprinde într-o carte, este nevoie de capacitate de analiză, sinteză, competență și de ce nu, de curaj, pe care autoarea le întrunește.

De-a lungul timpului mulți gânditori s-au întrebat, cât și eu, dacă pentru această categorie de bolnavi, specialiștii și societatea depun suficient efort. Pentru a stabili un diagnostic, a prescrie un tratament cu neuroleptice și o amărâtă de poezie, nu este de ajuns.

Din cuprinsul acestei cărți pe care îl putem parcurge, cititorul se va confrunta cu multiplele probleme ce le ridică bolnavii cu schizofrenie și în final acesta va avea o mare mulțumire. Îmi permit să recomand autoarei ca pe viitor în alte volume să vină din nou în sprijinul specialiștilor și nu numai.

Astfel, psihiatrii, psihologii, sociologii etc., cu toții trebuie să facem mai mult pentru această categorie de bolnavi, să le ameliorăm starea psihică, ca ei să nu se considere marginalizați, abandonați de familie, societate în general, și pot deveni chiar utile având un sentiment de împlinire, sporindu-le speranța de viață.

Dr. Traian Mihai Neamțu

Medic primar

Doctor în științe medicale

ARGUMENT

Schizofrenia este o boală psihiatrică complexă ce se caracterizează prin deficite ale funcţionării cognitive, afective şi sociale. Termenul de schizofrenie provine din limba greacă şi înseamnă „scindarea minţii" , motiv pentru care multă vreme unii oameni au susţinut greşit că se asociază cu personalităţi multiple. Prin acest termen, Bleur în lucrarea sa Demenţa precoce sau grupa schizofrenicilor (1911) a vrut să evidenţieze „decuplarea" gândirii, simţirii şi a comportamentului. Cercetătorii din Biologie utilizează termenul de „schizofrenie" pentru a descrie prezenţa a cel puţin două (sau mai multe) din aceste simptome menţionate pe o perioadă de o lună (sau mai puţin, dacă este tratată cu success) însoţite de probleme în domeniul social şi/sau ocupaţional (DSM-V, American Psychological Association, 2013, p. 102).

În populaţia generală, în jur de 0.3%-0.7% din oameni dezvoltă schizofrenie, însă ea se regăseşte în rândul rudelor de gradul întâi, în procent de 10 %. Cercetările demonstrează că debutul simptomelor apar în adolescenţa târzie/vârsta adultă timpurie au crescut cu 80 % faţă de cele precedente. Cu toate că, debutul precoce, înainte de 13 ani se consideră ca fiind extrem de rar cu incidenţe crescute în rândul adolescenţilor, unele studii epidemiologice au condus la copii şi preadolescenţi. Autorii Remschmidt, Shulz, Martin, Warnke şi Trott (1994) au estimat că 1 copil din 10.000 este predispus pentru a dezvolta schizofrenie. Pentru copii şi adolescenţi, procesul tinde să fie gradual şi insidios, adesea se sondează cu deteriorări sociale şi academice.

Diagnosticul schizofreniei reprezintă o adevărată provocare pentru medicii psihiatri, datorită debutului brusc, iar pacienţii trebuie să treacă printr-o serie de diagnostice preliminare, cum ar fi cele de: depresie, tulburări pervasive de dezvoltare sau abuzul de substanţe. Studiul longitudinal realizat de către R.F Asarnow şi J.R. Asarnow (1996) a indicat o rată crescută a diagnosticelor greşite în debutul schizofreniei. În timp, simptomele schizofreniei se acutizează sau urmează un progres lent. Deşi, nu se cunoasc exact cauzele schizofreniei, teoriile privind etiologia se centrează pe cele biologice şi de mediu. Actualmante se vorbeşte despre modelul vurnerabilitate-stres-coping (K. Skantze şi U. Malm, 1994) care ar putea descrie schizofrenia ca şi o boala a creierului cauzată de vulnerabilitatea genetică în interacţiunea ei cu mediul şi stresorii psiho-socio-culturali în vederea producerii simptomelor specifice schizofreniei.

Revizuirile noastre recente din literatura ştiinţelor medicale au sporit înţelegerea a multidudinilor de predictori bio-psiho-sociali în scopul unei reale reabilitări psihosociale şi prevenirea recăderilor, aşa cum a impus, în ultimii ani, politicile de sănătate mintală din România. Deşi utilizarea conceptului a cunoscut o expansiune abia prin anii '60-'70, astăzi devine un scop, dar şi etalon al serviciilor de sănătate mintală în ceea ce priveşte problematica tulburării psihice. Termenul de calitate a vieţii îmbrăţişează un spectru larg de înţelesuri fiind atât un termen la modă, cât şi unul ştiinţific, motiv pentru care am acordat o atenţie sporită, într-un capitol distinct.

Restructurarea sistemelor de sănătate mintală şi reprezintă o problemă naţională, măsuri legislative protejează drepturile persoanelor diagnosticate cu schizofrenie, îmbunătăţesc tehnicile de recuperare, schimbările de atitudine a populaţiei faţă de sănătate şi în acelaşi timp, creşterea speranţei de viaţă. Chiar dacă, unele studii sunt mai sceptice în demonstrarea unei corelaţie pozitivă dintre simptomatologia reziduală şi calitatea vieţii, se impune reabilitarea şi reinserţia comunitară a persoanelor cu dizabilităţi psihice prin programe de reabilitare socio-profesională adresate beneficiarilor serviciilor de sănătate mintală, ce constituie unul din punctele de referință una din preocupările fundamentale ale lumii contemporane.

CAPITOLUL I: CE ESTE SCHIZOFRENIA?

1.1 Schizofrenia: Ce este?

Oamenii adesea se întreabă: *Ce este schizofrenia?* Este o boală, o disociere a funcţiilor psihice sau un mit? Aceştia vor obţine diferite răspunsuri, depinde cui adresează întrebarea. În primul capitol al acestei cărţi vom ilustra întregul „peisaj" de semnificaţii privind schizofrenia, în viziunea diferiţilor profesionişti. Ca să răspundem la întrebarea, „Ce este schizofrenia?", precum şi cele ce vor urma, considerăm că nu sunt doar meditaţii intelectuale, ci răspunsuri extrem de importante, fiindcă au consecinţe nefaste în rândul maselor; de exemplu, au implicaţii pentru tratament/medicamentaţie, spitalizare, a modului în care cei „implicaţi" sunt priviţi de profesionişti, şi de societatea în ansamblu. În scopul de a contrasta aceste opinii, arătând cum diferă unele de altele, încercăm, de asemenea, pe fondul divergenţelor fiecărui grup de pioneri, să surprindem dezacordul cu care se confruntă unii între ei. Cele mai multe dintre aceste opinii, nu sunt păreri, pe care le deţinem noi în general, ci mai mult reflectă poziţii extreme între cercetători, precum diferenţa dintre schizofrenie şi psihoză, pe care o vom elucida în cele ce urmează.

Deşi se presupune că au trecut 100 de ani de când a fost „descoperită", mulţi susţin că încă nu o cunoaştem. Dacă m-aţi întreba pe mine personal, aş răspunde că este o întrebare capcană. De multe ori, în grupul meu de prieteni adesea sunt întrebată: Care sunt cauzele bolii? Dacă întrebăm un psihiatru, în mod normal ne va răspunde că este o boală, dar ceea ce spune el cu adevărat este de fapt o „prezentare" a tabloului simptomatologic şi ar sublinia în propoziţie că, este cauzată de o *boală.* Întrebarea mea este cum ne dăm seama, presupunând că unii dintre noi nu avem cunoştiţe din ştiinţele medicale?

Diana ANGHEL

Pentru a răspunde cititorilor la întrebare, ar însemna să-i invit la o călătorie imaginară la clinica de psihiatrie şi să le cer să vorbească cu diferiţi oameni imaginiari: profesionişti, pacienţi şi familii. Această poveste ne va permite să transmitem diversitatea de viziuni care există. Dacă aţi merge la o plimbare la cea mai apropiată clinică de psihiatrie, probabil mulţi ar spune: „Este o întrebare bună, adesea m-am întrebat şi eu". Dacă i-am întreba de ce schizofrenia debutează în majoritatea cazurilor în adolescenţă, unii ar susţine: „Nu sunt sigur (ă) , pentru că am întâlnit câţiva oameni care au dezvoltat tulburări de comportament mai târziu în viaţă, de exemplu, în jur de 50 de ani." Totuşi, precum vom arăta mai târziu, aproximativ la 50 % şi 80 % dintre cei care dezvoltă schizofrenie apare în adolescenţă târzie (S. J. Wood , N. B. Allen, C. Pantelis, 2009, p. 284). În această carte am făcut referire la cei care se încadrează între 50 şi 80 %.

Revenind la opiniile profesioniştilor, un psihiatru din spital vă poate oferi un alt punct de vedere: *„Simptomele schizofrenice sunt văzute pentru prima dată în adolescenţa târzie, dar cauzele se întâmplă mult mai devreme. Aceasta se datorează complicaţiilor din timpul sarcinii sau de sensibilitatea nou-născutului. Singura problemă că aceste simptome nu sunt văzute decât în adolescenţa târzie. Simptomele schizofreniei apar ca rezultat al unui dezechilibru chimic în creier".* În continuare, va susţine că: *„Aşa cum văd eu lucrurile, schizofrenia este o boală a creierului, şi în general cel mai important lucru pentru pacienţi este ca ei să-şi ia medicamentaţia. Mai nou, medicamentele anti-psihotice îşi fac efectul imediat, ca şi cele vechi, de altfel. Chiar şi cele noi au câteva efecte secundare, chiar dacă sunte remarcabil de scumpe".*

Oare ce părere au familiile?

Multe dintre familii trăiesc emoţii intense, simţindu-se blamate de societate şi că ar fi vina lor pentru că au copil diagnosticat cu schizofrenie. Dacă nu ar avea avea în vedere că este o boală a creierului, familiile s-ar simți vinovate, iar societatea le-ar stigmatiza.

Psihologii sunt de părere că, oamenii cu psihoză sunt „victime ale societății" și că ei sunt cei mai marginalizați. Mulți dintre ei au doar o stimă de sine mai scăzută, pe care o ascund, comportându-se ca și cum ar fi cu adevărat extraordinari sau excentrici. De aceea, ei subliniează că nu este corect să folosim termenul de „pacient", ci de „client" sau „utilizator de servicii" și că de fapt, termenul de „pacient" era utilizat în abordarea tradițională a teoriilor despre boală, oamenii purtând eticheta de „bolnav", fără să mai poată ieși din ea. Mai mult, pot determina ca ei să se simtă cu moralul la pământ sau neputincioși.

În final, întâlnim „clienți" cu psihoză. Cum arată aceștia? Mulți dintre ei arată surprinzători de normali. Unii dintre ei par încetiniți și limbajul lor ar putea să sune un pic nedeslușit. Cei mai mulți sunt neîngrijiți vestimentar și nu par a-și purta de grijă.

În cele ce urmează prezentăm o sinteză a etapelor de evoluție a conceptului de schizofrenie (M. Șelaru, 1996; L. Gavriliu, 1999; M. A. Birț, 2001; R. D. C. Jeican, 2005; R. D. C. Jeican, 2007; A. Radu, 2010) care pot fi considerate contribuții ale conceptului așa cum este văzut și înțeles astăzi. Cele mai importante momente în dezvoltarea conceptului în plan nosologic sunt prezentate în tabelul 1.I.

Table 1.I. Cadru nosologic în istoricul şi dezvoltarea
concepului de schizofrenie

Doctrina schizofreniei	Caracteristici	Reprezentanţi
Medicina babiloniană (aprox. 2000 î Hr.)	- boala psihică era considerată de regele Babilonului drept „pedeapsă divină".	Nabucodonosor (aprox. 500 î. Hr.)
Medicina hindusă/ ayurvedică (1400 î. Hr.)	-susţinea că perturbările de tip schizofrenic se datorează ingerării de substanţe toxice, ca cea alcoolică şi stările maniaco-depresive; -maladiile mentale erau văzute ca o consecinţă a pertubării celor cinci simţuri umane.	Textele sacre ale Vedelor (c. 3900 î.Hr.- c. 1500 î.
Medicina elenistică (500 î. Hr.)	-se vorbea despre *o stare delirant-halucinatorie*, dar care se deosebeşte de cele maniacale sau cele ce ţin de natura toxică (alcoolism), infecţioase (frenitis), de cele ca depresia şi epilepsia.	Hypocrate din Cos (460-371 î. Hr.), Cato, Caelius Aurelian

Medicina latină (aprox. 700 î. Hr-1453)	-se asocia tulbularea mintală cu termenii ca „*frenezii*" și „*melancolia*" - „*phrenul*" era considerat ca sediul dirijării sufletului; -se menționează cazuri de „*demență secundară*" simple sau precoce.	Aurelius Cornelius Celsus (50-25 î. Hr.), Areteus (30-90 î. Hr.)
Medicina Evului mediu (500 e.n. până la 1500 e.n.)	-s-a acordat o semnificație supersitiților din mitologia greacă: oracolul, blestemele și pedepsele din lumea grecilor în defavoarea științei; - de exemplu: Erasmus publică *Elogiul nebuniei*, Hyeronimus Bosch își pictează faimoasele deliruri, Cervantes scrie *Don Quijote*, iar Shakespeare- *Hamlet*.	Clericii, S.F. Marthurin de Larchant (1330), Sebastien Brandt (1494), Erasmus din Rotterdam, Ignatio de Loyolla
Medicina modernă (sec. XVII-sec. XX)	-conceptele propuse psihiatrilor pentru schizofrenie au fost: *"mania"*, *"idioția"*, *"frenezia"*, *"imbecilitatea"*, *"stupiditas"*,	Benedict-Augustine-Morel, Newton, Equirol, Pinel, Magnan, Hoffman, Snell, Sander, Hecker,

	"hebetitudine"; -B. A. Morel considera schizofrenia drept ca *"demenţă precoce";* -Magnan a studiat stările sub denumirea de *"washins"*, arătând că boala nu evoluează obligatoriu spre demenţă; -Hoffman (1862), Snell (1865) şi Sander (1868) afirmă existenţa unei nebunii primare fără antecedente de manie sau melancolie; -Hecker (1870) utilizează stereotipii ideo-verbale pentru a descrie psihoza adolescenţei *"hebefrenia"* (nebunia tinereţii); -Kahlbaum (1874), diferenţiează din grupa parafreniilor catatonia sau *"nebunia tensiunii musculare";* -Kadinski (1882) a folosit termenul de: *"ideofrenie"* pentru a	Kahlbaum, Kandisnki, Korsakov, Kraeplin, Bleur,

sublinia stereotipiile mintale ale schizofreniei;

-Korsakov (1891) a arătat că *"disnoia"* și alte boli psihice, se dezvoltă la personae cu perturbări ale sistemului nervos, la vârsta tânără.

-Kraeplin (1856-1926) considera *"dementia precox"* ca o boală endogenă fără o cauză identificabilă, evoluând spre o slăbiciune psihică, printr-o perturbare a vieții emoționale și a voinței.

-Eugene Bleuler în 1911 introduce termenul de *"schizofrenie"* și împarte simptomele clinice în două categorii: primare (autismul afectiv) și secundare (halucinațiile, delirul, iluziile, stereotipiile).

| Medicina contemporană | K. Schneider (1957) propune înlocuirea grupelor schizofreniilor cu termenul de schizofrenie şi o altă dihotomie a criteriilor diagnostice din ICD 10 şi DSM-IV (APA, 1994) durata bolii fiind minimum 6 luni;

- DSM-V (APA, 2013, p. 87) completează grupele vorbind despre o altă categorie nosologică sub denumirea de: „Spectrul Schizofreniei şi alte tulburări psihotice", din care fac parte următoarele categorii: schizofrenia, alte tulburări psihotice şi tulburări personalităţii schizotipale;

-distincţia profilului simptomatologic al schizofreniei este aceeşi cu cea din ediţia anterioară: cea pozitivă şi cea negativă. | E. Mikovski, Henry Ey, P. Abely, P. Guiraud, K. Schneider, K. Leonhard, Strauss, Carpenter, Bartko, Crow, Kay. |

Pe fondul unui peisaj neguros de concepte și definiții, dezbătute de-a lungul istoriei subiectului, încercăm să producem o imagine cât mai nuanțată în următoarele subcapitole, prin prisma propriilor noastre argumente. Pornind de la acestea, una dintre marile enigme ce necesită soluționare, este elucidarea relației dintre cauzele biologice și cele psihologice ale psihozei.

1.2 Cauze biologice sau psihologice?

Una dintre cele mai mari probleme fundamentale pe care și-o ridică cercetătorii este aceea că, majoritatea oamenilor sunt de acord că psihoza are la bază cauze de natură biologică. O minoritate respinge importanța modelului biologic și alta preia o abordare integrată a bolii. Având în vedere că majoritatea văd psihoza din perspectiva modelului biologic, vom acorda o atenție sporită în următorul capitol, invitând pe cei mulți convinși de cauzele biologice să-și reconsidere bazele acestei premise.

Dacă schizofrenia este o boală cu cauze biologice, atunci de ce nu s-a găsit un remediu?

Scopul nostru în acest capitol nu este să dovedim că există factori biologici și psihologici care cauzează schizofrenia sau de a aminti de unele argumente vechi și obositoare, cum ar fi: ceea ce este înnăscut și ceea ce este dobândit, dacă genetica este mai importantă decât mediul sau dacă „mintea" este mai importantă decât „creierul". Mai degrabă să reconciliem cele două tabere, considerând că ambele trebuie discutate pentru a oferi o explicație adecvată despre simptomele psihotice.

Există o literatură abundentă cu privire la cauzele biologice care s-a focalizat pe încercarea de a găsi diferențe biologice dintre creierul persoanelor cu psihoză și cei „normali". Astfel de demersuri au subliniat posibile decalaje în funcţionarea neurotransmiţătorilor cerebrali precum dopamina şi de mărimea lobilor temporali responsabili de inducerea simptomelor psihozei. Deşi studiile nu au demonstrat până la capăt această relaţie, au lăsat loc de interpretări, reuşind să explice simptomele bolii. În mod similar, informaţiile cu privire la procesarea informaţiilor dintre cei care suferă de psihoză şi cei „normali" pot apărea ca o consecinţă *a stării*, mai degrabă decât orice *anomalie biologică*. Poate uneori vă întrebaţi, de ce vi se întâmplă să auziţi voci, melodii sau sunete fără să vă gândiţi la ele? Dar vă vin în minte, cu alte cuvinte le conştientizaţi, retrospectiv. Acum, probabil dacă veţi citi criteriile DSM-V (2013, p. 87), unde se menţionează printre simptomele caracteristice a schizofreniei cele de halucinaţii auditive, o să vă alarmaţi (?!).

Ca să răspundem acestei provocări vom analiza rezultatele studiului după J. M. Ford şi colab. (2009). Autorii afirmă că 75 % din populaţia generală experienţează halucinaţii auditive, fără ca ei să se fi confruntat cu schizofrenia vreodată. În urma experimentului, autorii au observat că indivizii non-psihotici în comparaţie cu persoanele cu psihoză receptează voci în interiorul sau exteriorul capului, sugerând un fenomen similar ambelor grupe. Metoda pe care au interprins-o în cercetarea a fost cu ajutorul imagisticii prin rezonanţă magnetică funcţională (fMRI) pentru a scana cortexul auditiv la pacienţi şi non-pacienţi (n=66), aşa cum ilustrăm în figura de mai jos:

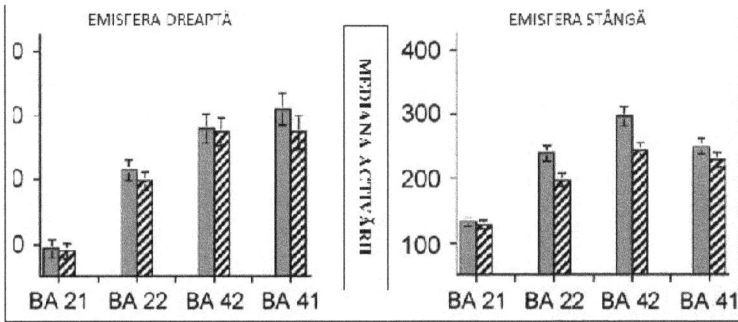

Figura 1.I. Rezonanță magnetică funcțională (fMRI) la
pacienți și non pacienți
J. M. Ford, B. J. Roach (2009), p. 59.

Explicația noastră este că, nu se pot face confuzii, chiar
dacă rezultatele atestă că există asemănări în ceea ce privește
cele două grupe experimentale. Rezumând, ipoteza noastră este
că indivizii non-pacienți pot conștientiza faptul că halucinațiile
pe care ei le experiențiază, se datorează unui anumit mecanism,
iar pacienții nu. Ați întâlnit vreodată un pacient care vă va
spune că persoana cu care „vorbește" pe holurile clinicii este
una imaginară? Ei bine nu va încerca să ridice o serie de
argumente ca să ne convingă cu tărie să credem în vorbele sale.

Totodată ar fi interesant de aflat dacă pacienții clinici
dezvoltă mecanisme de „coping" și de autoreglare
comportamentală ca și cei non-clinici, precum au demonstrat
autorii. Dacă presupunem că cei non-clinici pot verbaliza
mecanismele de autoreglare comportamentală a halucinațiilor
verbale, probabil procedurile meditative (concentrative) vs
„mindfulness" (David, D., 2006, p. 233) ar fi răspunsul.

În ultima parte a acestui capitol, vom încheia prin a
reexamina o dezbatere clasică, uitându-ne dacă sau nu

schizofrenia întâlneşte criteriile rezonabile pentru a se valida ca boală.

1.3. Schizofrenie sau psihoză?

Ziarele folosesc termenul de „schizofrenic", referindu-se la o persoană care apare în conflict cu el însuşi. Persistă concepţia de a atribui psihoza unei interpretări eronate, spunând că a fi „schizofrenic" înseamnă să ai personalităţi multiple. Astfel, termenul de schizofrenie este utilizat în viaţa de zi cu zi cu conotaţii diferite, departe de cel tehnic pe care îl regăsim în Manualul de diagnostic şi statistică a tulburarilor mentale (APA, 2013) care deja se află la a cincea ediţie.

Termenul de „schizofrenie" este necesar de utilizat în situaţii juridice, deoarece poate fi definit în detaliu. Pe când psihoza are conotaţii negative, negând că persoana ar avea boală datorită cauzelor biologice. Tehnic vorbind, în DSM-V (2013, pag. 96) tulburarea psihotică este o perturbare ce durează mai mult decât o zi şi care se reemite timp de o lună. Pe când schizofrenia este o tulburare care durează cel puţin 6 luni.

În viziunea noastră, psihoza este o realitate brută în testare reală. Cel mai bine este descrisă în conjuncţie cu alt bine-cunoscut concept „nevroza" cu vechiul adaos că: „Nevroticii construiesc castele în cer, psihoticii locuiesc în ele".

Acestea sunt diferenţele dintre termenii de schizofrenie sau psihoză. Serviciile moderne încearcă să evite termenii ca „schizofrenie" pentru asociaţiile negative rezultate din pricina terminologiei bolii. De asemenea, acestea încearcă să excludă apelarea prin etichete stigmatizante de genul: „psihotici", „schizofreni", ş.a.

1.4. De ce apare tocmai în adolescență?

Până la începutul anilor '90, caracteristicile schizofreniei la pacienții în vârstă de 55 de ani au fost în mare măsură subiectul a multor speculații. Prin anul 1993, se estima că mai puțin din 5 % din toate cercetările efectuate pe pacienții cu schizofrenie au făcut referire la cei mai în vârstă de 55 de ani (Belitsky R. și McGlashan, T., 2000). Cercetările au demonstrat că acești pacienți și mai în vârstă de 66 de ani, medicamentele nu-și mai făceau efectul și că nu era nevoie de nici un tratament, având în vedere că boala și-a urmat cursul ei, izbucnind undeva în trecut. De aceea, majoritatea studiilor recente s-au centrat pe adolescenți. Problema majoră ar fi dacă diagnosticul diferențial este făcut corect, deoarece într-un studiu interprins de McGorry și colab. (1995) au demonstrat că dintre cei 10-15 % adolecenții care erau considerați că ar întruni criteriile psihozei, 50 % aveau sindrom prodormal. Sindromul prodromal nu este un diagnostic, ci termenul tehnic utilizat de către profesioniști pentru a descrie un anumit grup de simptome care poate precede declanșarea unei bolii psihice. De exemplu, febra este „prodrom" pentru rujeolă, ceea ce înseamnă că o febră poate fi un factor de risc pentru dezvoltarea acestei boli.

J.J. Rousseau numește această etapă a adolescenței drept ca: „vârsta rațiunii", dar și „revoluție furtunoasă", „a doua naștere" (1973, p.194). În alte texte vom găsim metafore precum: „vârsta asumării riscurilor", „vârsta dramei", „vârsta crizelor", „a anxietății", „a nesiguranței", „a insatisfacției", „vârsta integrării sociale", „vârsta contestației", etc. Aceste caracterizări plastice dovedesc că adolescența poate fi privită din unghiuri extrem de diverse.

În jur de 3 % din adolescenți experiențiază depresia clinică, fetele într-o proporție dublă față de băieți. Unele studii indică existenţa unor diferenţe în dezvoltarea simptomelor depresive (Hodges şi Siegel, 1985; Kovacs şi Beck, 1977; Koavcs and Paulauskas, 1984; Pearce, 1978) la copii şi adolescenţi, iritabilitatea poate să domine starea sufletească, ca şi consecinţă a elementelor disforice. Rholes et al. (1980) a descoperit că incidenţa depresiei pare să crească o dată cu vârsta; copiii mai mici au un nivel mai redus de susceptibilitate la depresie, decât adolescenţii. Aceasta datorită faptului că adolescenţii se află la un potenţial mai ridicat de a experienţia evenimente de viaţă stresante şi pierderi, dar poate şi pentru că, copiii mai mici nu au dezvoltaţi descriptorii necesari pentru cogniţiile şi sentimentele lor, astfel este mai greu de identificat.

Consecinţele clinice apar când există alterări în gândirea despre sine, despre ceilalţi şi lume, dar şi o reducere în procesele metabolice şi fiziologice rezultând în modificări indezirabile ale funcţiilor vitale ce implică paternuri de somn, alimentaţie, nivelurile de energie şi de activitate generală. Un nivel ridicat al cogniţiilor negative apare de obicei la adolescenţii cu vârsta peste 14 ani, în timp ce identificarea simptomelor proprii, dar şi capacitatea de a le verbaliza apare mult mai devreme.

D. Elkind (1979) a utilzat în lucrările sale sintagma „egocentrismul adolescentin", făcând referire la acea categorie de adolescenţi care se comportă ca şi cum ar purta în imaginaţia lor „audienţi", pentru a sublinia stările de grandomanie pe care le trăiesc, văzându-se pe ei înşişi ca persoane ce au sentimente speciale, unice. Conflictele adolescenţilor cu părinţii sunt absolut obişnuite pot fi o consecinţă a dobândirii autonomiei. Egocentrismul se diminuează odată cu vârsta, pe măsură ce adolescenţii învaţă din interacţiunile sociale cu ceilalţi şi în urma experienţei.

Sperăm că argumentele au convins că adolescenţa este în mod particular o perioadă neobişnuită şi este „normal să fie neobișnuită". Sperăm că, am arătat, de asemenea, că unele dintre experiențele psihotice sunt în aparență neobișnuite și că au multe în comun cu caracteristicile tipice din timpul adolescenței.

1.5. Diagnostic și date epidemiologice

Schizofrenia se regăseste în toate societățile și ariile geografice. Incidența și prevalența sunt răspândite aproximativ egal în toata lumea. În S.U.A, în jur de 0,5 % din totalul populației este diagnosticată cu schizofrenie într-un singur an și doar jumătate din procente răspund favorabil la tratament.

Conform DSM-V (APA, 2013, p. 102), incidența se situează între 0.3%-0.7%. cu cateva variații geografice.

După cercetările autoriilor B. J. Sadock, H. I. Kaplan (1994) schizofrenia este egal repartizată la ambele sexe. Cele două genuri diferă prin debutul bolii și cursul acesteia. Instalarea apare mai devreme la barbați decât la femei (OMS, 1997). Mai mult de jumate din pacienții barbați diagnosticați cu schizofrenie sunt internați în instituțiile psihiatrice înainte de 25 de ani. Vârsta de vârf al instalării bolii este cuprinsă între 10-25 de ani ca bărbați și 25-35 de ani la femei. În raport cu bărbații, femeile manifestă o distribuție bimodală a vârstei cu o durată de apariție la vârsta mijlocie. Aproximativ 3-10 % din femeile cu schizofrenie prezintă instalarea bolii după 40 de ani.

Debutul schizofreniei înainte de 10 ani sau după 60 de ani este extrem de rară. Unele studii au indicat că barbatii sunt mai predispuși spre simptome negative decât femeile, acestea din urmă sunt mai predispuse comportamentelor de socializare decât bărbații.

Newman și colab. (1988) au estimat riscul morbidității, într-un studiu longitudinal desfășurat în Canada. Rezultatele au evidențiat că riscurile morbiditatii sunt de 1, 2% pentru bărbați şi 1% pentru femei. Autorii făceau referire la faptul că barbaţii prezintă o tendinţă în conduite antisociale şi un comportament hiperactiv în mai mare măsură decât femeile. Aceste tulburări se acompaniază, frecvent cu o personalitate schizoidă. Tinerele femei preschizofrene sunt mai bine adaptate decat bărbatii în ceea ce priveşte personalitatea premorbidă (Birţ, 2001).

1.5.1. Caracteristici cheie ale noului DSM-5

Conform DSM-V (APA, 2013, p. 81), schizofrenia este inclusă în categoria "Spectrul schizofreniei şi altor tulburări psihotice". Acestea sunt definite ca anormalităţi în una sau mai multe dintre următoarele cinci domenii: iluziile, halucinaţiile, gândire dezorganizată (limbaj), perturbări ale activităţii psihomotrice grosiere (inclusiv catatonia) şi simptome negative.

Două schimbări majore au fost efectuate în tabloul clinic al schizofreniei de către noul DSM-V (p. 810) faţă de ediţia anterioară, şi anume la criteria A: 1) eliminarea atribuţiei speciale de iluzii bizare schizofreniei şi clasificării schneideriene a halucinaţiilor auditive de rangul I (de exemplu: două sau mai multe voci auzite simultan), ceea ce necesită prezenţa a cel puţin două din simptomele din criteria A pentru oricare din diagnosticile din spectrul schizofreniei; 2) adăugirea cerinţei ca simptomele din categoria A că ar trebui să includă: iluzii, halucinaţii şi tulburări de limbaj. Subtipurile de schizofrenie din DSM-IV au fost eliminate datorită limitărilor în ceea ce priveşte caracterul stabil al diagnosticului, reliabilitatea precară şi validitatea modestă. Secţiunea III din DSM-V atrage atenţia asupra eterogenităţii simptomelor şi expresiei severe ale acestora la indivizii cu tulburări psihotice. Tulburarea schizoafectivă este reconceptualizată longitudinal în loc de cross-secţional în compararea ei cu schizofrenia, tulburarea bipolară şi tulburarea depresivă majoră (DSM-V, p.810) care întrunesc aceste condiţii cu cerinţa ca episodul drepresiv major să fie prezent în majoritatea duratei tulburările și să fi întâlnit criteriul A. Criteriul A pentru tulburările iluzorii consideră ca una din cerințe este să aibă un conținut nonbizar. Criteriul pentru catatonie este descris uniform în DSM-5. Mai mult, catatonia poate fi diagnosticată în ceea ce privește specificitatea sa (pentru tulburările depresive, bipolare și psihotice, inclusiv schizofrenia) în contextul cunoscut al condiției medicale sau al altor diagnostice specifice.

1.5.2.Criterii de diagnostice

După DSM-5 (APA, 2013, p. 99) acestea includ indicații specifice privind decursul și durata bolii, oferind clinicienilor diverse opțiuni și informații despre condiția clinică actuală.

A. Simptome caracteristicice: Doua sau mai multe din următoarele semne, care au fost prezente o porțiune semnificativă de timp, în cursul unei perioade de o lună (ori un timp mai scurt, dacă au fost tratate cu succes); Cel puțin două trebuie să includă (1), (2), (3) din:

(1) idei delirante.

(2) halucinatii (auditive, vizuale,etc).

(3) limbaj dezorganizat (de exemplu: perturbări frecvente sau incoerențe).

(4) perturbarea motricității grosiere sau comportament catatonic.

(5) simptome negative (de exemplu: aplatizare afectivă, alogie sau avoliție).

B. Disfuncție socială/profesională: O porțiune semnificativă de timp de la debutul perturbării, unul sau mai multe domenii majore de funcționare,cum ar fi serviciul, relațiile interpersonale ori autoîngrijirea sunt considerabil sub nivelul atins anterior debutului (sau când debutul are loc în copilărie ori în adolescenţă, incapacitatea de a atingenivelul aşteptat de realizare interpersonală, şcolară sau profesională).

C. Durată: Semne continue ale perturbării persistând timp de cel puţin 6 luni.Această perioadă de 6 luni trebuie să includă cel puţin o lună (sau mai puţin,dacă sunt tratate cu succes) de simptome care satisfac criteriul A (adică, simptome ale fazei active) şi poate include perioade de simptome prodromale sau reziduale.In cursul acestor perioade prodromale sau reziduale, semnele perturbării se pot manifesta nurnai prin simptome negative ori două sau mai multe simptome menţionate la criteriul A, prezente într-o formă atenuată (de ex., convingeri stranii, experienţe perceptuale insolite).

D. Excluderea tulburării schizoafactive şi a tulburării afective: Tulburarea schizoafectivă şi tulburarea afectivă cu elemente psihotice au fost excluse, deoarece fie (1) nici un fel de episoade depresive majore, maniacale sau mixte nu au survenit concomitent cu simptomele fazei active, ori (2) dacă episoadele au survenit în timpul simptomelor fazei active, durata lor totală a fost mai scurtă în raport cu durata perioadelor, activă şi reziduală.

E. Excluderea unei substanţe/condiţii medicale generale: Perturbarea nu se datorează efectelor fiziologice directe ale unei substanţe (de ex., un drog de abuz, un medicament) sau unei condiţii medicale generale.

F. Relaţia cu o tulburare de dezvoltare pervasivă: Dacă există un istoric de tulburare autistă sau de altă tulburare de dezvoltare pervasivă, diagnosticul adiţional de schizofrenie este pus, numai dacă idei delirante sau halucinaţii proeminente sunt, de asemenea, prezente timp de cei puţin o lună (sau mai puţin, dacă sunt tratate cu succes).

DSM-IV (1994) clasifică următoarele subtipurile de schizofrenie: paranoidă, catatonică, dezorganizată, nediferențiată și reziduală (tabelul 2.I)

Tabelul 2.I. Clasificarea schizofreniei după DSM-IV (1994):

TIPUL PARANOID	TIPUL DEZORGANIZAT	TIPUL CATATONIC	TIPUL NEDIFERENȚIAT	TIPUL REZIDUAL
Un tip de schizofrenie în care sunt satisfăcute următoarele criterii:	Un tip de schizofrenie în care sunt satisfăcute următoarele criterii:	Un tip de schizofrenie în care tabloul clinic este dominat de cel puțin două dintre următoarele: (1) imobilitate motorie evidențiată prin catalepsie (incluzând flexibilitatea ceroasă) sau stupor;	Un tip de schizofrenie în care sunt prezente simptome care satisfac criteriul A, dar nu sunt satisfăcute criteriile pentru tipurile paranoid, dezorganizat sau catatonic.	Un tip de schizofrenie în care sunt satisfăcute următoarele criterii:
A. Preocupare pentru una sau mai multe idei delirante sau halucinații auditive frecvente.	A. Oricare dintre următoarele sunt proeminente: (1) limbaj dezorganizat; (2) comportament dezorganizat; (3) afect plat sau inadecvat.	(2) activitate motorie excesivă (care este evident lipsită de sens și nu este influențată de stimuii externi); (3) negativism extrem (o		A. Absența ideilor delirante, a halucinațiilor,limbajului dezorganizat și a comportamentului catatonic sau flagrant dezorganizat,
B. Nici unul dintre următoarele simptome nu este proeminent: limbaj				

41

dezorganizat, comportament catatonic sau dezorganizat, sau afect plat ori inadecvat	B. Nu sunt satisfăcute criteriile pentru tipul catatonic.	rezistență evident nemotivată la toate instrucțiunile
		ori menținerea unei posturi rigide la încercările de a fi mișcat) sau mutism;
		(4) bizarerii ale mișcării voluntare evidențiate prin posturi (asumarea voluntară a unor posturi inadecvate sau bizare), mișcări stereotipe,manierisme sau grimase proeminente; (5) ecolalie sau ecopraxie
		proeminente. B. Există proba continuității perturbării, indicată de prezența de simptome negative ori a două sau mai multe simptome menționate la criteriul A pentru schizofrenie, prezente într-o formă atenuată (de ex, convingeri bizare, experiențe perceptive insolite).

42

1.5.3. Tablou clinic și simptomatologie

În schizofrenie distingem două categorii de debut (Jeican, 2005; Jungbamer și Angermeyer, 2002; Birt, 2001):

- debut acut
- debut insidios

Debutul acut se produce o ruptură brutală în habitusul comportamental anterior al subiectului, remarcându-se în mod evident o transformare bruscă și imprevizibilă în caracterul și conduita sa. Aceste schimbari pot fi corelate cu evenimente stresante din viața subiectului, mai ales de către aparținători. Eșecuri școlare, pierderi materiale, doliul, uneori boli organice serioase pot constitui coincidente favorabile intrepretarilor reactive ale stării. O treime din pacienți prezintă tulburări halucinatorii delirante cu debut brutal, astfel încât să pună în dificultate clinicianul. Apoi, se instalează stări confuzionale sau onirice care sunt adeseori considerate ca efecte secundare în urma consumului de substanțe toxice. Clinicianul poate avea de-a face cu un tablou clinic de tip maniacal sau depresie tipică, unde pot exista teme delirante, disociere ideoafectivă și absenta afectului. Familia resimte aceste simptome sub forma de amenințări, găsind explicații alternative, motivând că aparținătorul a consumat substanțe toxice, pe fondul oboselii, fie este îndrăgostit.

În continuare, prin debutul insidios înțelegem că pacientul evoluează progresiv sub „privirile" anturajului, care pot observa modificări esențiale de comportament. Astfel, pot apărea comportamente bizare. De exemplu, pacientele femei se pot privi în oglindă ore în șir.

Debutul insidios (Birț, 2001) cuprinde următoarele forme clinice:

a) *Forma astenică și deficitară*, referindu-se la faptul că pacientul poate manifesta dezinteres în activități, fatigabilitate.

b) *Forme delirantă propriu-zisă*, pacientul avea idei delirante vagi, cum ar fi idei de persecuţie, hipocondricace , de transformare corporală, dismorfofobie.

c) *Formă pseudonevrotică*, simptomele nevrotice (vezi tabloul *Păpuşarii*, de Phyllis Jones, 1936) pot fi însoţite de idei filozofice sau idei delirante însoţite de halucinaţii auditive, s.a.

Simptomele acute ale schizofreniei în timp se rezolvă, dar din păcate asta nu înseamnă că pacientul se vindecă complet. Aproximativ 50% din pacienţi diagnosticaţi cu schizofrenie vor prezenta o simptomatologie negativă evidentă. Cercetările sugerează că aproximativ 20 % din indivizii cu schizofrenie îşi revin, 70 % au recăderi şi 10 % sunt puternic influenţaţi de severitatea bolii. Mai mult, în formele cele mai grave simptomele pozitive rămân, dar nu tind să predomine personalitatea pacientului. Simptomele negative pot fi văzute şi în faza acută a bolii, iar în instalarea ei pot fi precedate de simptomele pozitive. Simptomele primare negative pot fi greu de distins faţă de cele secundare ce aparţin fazei floride a bolii, în timp ce altele pot aparea ca urmare a efectelor secundare ale medicaţiei.

Simptomele primare negative sunt destul de frecvent descrise ca fiind simptome deficitare. Frecvenţa lor este crescută în schizofrenia cronică şi se asociază cu o prognoză saracă, ca răspuns nesatisfăcător la medicamente, perturbări cognitive şi anormalităţi structurale al creierului. Aceste simptome nu sunt uşor de tratat şi produc suferinţa în rândul familiilor.

După Iftene (2003) halucinaţiile sunt definite ca false percepţii în absenţa unui stimului extern real. Autorul descrie că manifestă aceeaşi calitate precum percepţiile reale şi nu fac subiectul unei manipulări conştiente. Halucinaţiile în schizofrenie pot implica oricare din modalitățile senzoriale. Cele mai frecvente halucinații sunt cele auditive și de găsesc la 60-70 % dintre pacienții diagnosticați cu schizofrenie. Halucinațiile auditive pot îmbrăca o gamă largă de caracteristici în funcție de intensitate, complexitate și continuitate. Se pot întâlni voci la persoana a doua, dar și cele la persoana a treia pe care pacientul le percepe sub forma unei îndrumari despre o anumită acțiune, sub forma unei conversații sau gânduri repetitive. Vocile pot fi imperative, cerând pacientului să-și provoace autoinjurii sau asupra celorlalți. Halucinațiile vizuale au loc la 10 % dintre pacienți sub forma unor puncte luminoase sau linii. Halucinațiile olfactive ca zonă de manifestare în lobul temporal sunt comune epilepsiei decât schizofreniei și se asociază cu cele gustative sub forma unor senzații plăcute (de exemplu: parfumuri plăcut mirositoare) sau mai puțin placute. Unii pacienți pot manifesta halucinații interoceptive cu privire la existența unor ființe supranaturale în interiorul corpului (furnici în stomac) sau ființe supranaturale (diavol, spirite) (*An Atlas of Schizophrenia*, M. Stefan și colab., 2002)

Iluziile, o altă categorie de tulburare se referă la percepția denaturată sau deformată a unui stimul real și specific (corespunzător unui analizator). În schizofrenie se întalnesc frecvent iluziile vizuale cu privire la modificările mărimii obiectelor fie în mari, fie în mici (micro-macropsii). Mai frecvent pot apărea false recunoașteri, rolul principal îl dețin tulburările de memorie. Pot apărea iluzii olfactive și gustative însă sunt greu de deosebit datorită vecinătății lor ca analizatori.

După Iftene (1999) și Jeican (2005) iluziile pot fi clasificate în:

Tabelul 3.I. Formele iluziei

Forme ale iluziei	Caracteristici
PERSECUŢIE	-se referă la o persoană din exterior sau o forţă ce interferează cu suferinţele bolnavului în viaţă sau îi doreşte ceva rău. De exemplu : „Persoanele din scară în care locuiesc mă urmaresc prin sateliţi şi îmi otrăvesc mâncarea."
IDEI DE REFERINŢĂ	-se referă la comportamentul altora: obiecte, emisiuni care au semnificaţie specială pentru bolnav sau s-ar adresa lui. De exemplu : „S-a spus la radio că fiul omului este aici, într-o Sâmbătă, deci sunt fiul Lui Dumnezeu."
CONTROL	- senzaţia de a fi recipient pasiv asupra controlului unui agent extern. Acest agent ar putea să controleze gândurile, sentimentele şi acţiunile. De exemplu :„Simt că fata mea este o forţă ascensională care mă face să râd când sunt tristă."
GRANDOARE	-o credinţă exagerată a puterii cuiva sau a importanţei. De exemplu:„Pot să ridic munţii din loc, doar dând din mâini, te pot distruge."

NIHILISM	- credinţa despre sine, alţii sau despre lumea că ar înceta să mai existe.
INFIDELITATE	-partenerul cuiva a fost necredincios (denumit şi iluzia geloziei sau sindromul Othello).
DEDUBLĂRII-PASIUNII	-convingerea că o persoană apropiată menţionată în spusele pacinetului care ulterior este înlocuită de alta (denumit şi sindromul confuziei sau iluzia dedublării)
SOMATICĂ	-iluzia că o parte din corpul persoanei nu-i aparţine. De exemplu:„Braţele mele arată ca şi cum au fost topite şi turtite prin noroi”.

Potrivit studiilor autorilor: Robin M. Murray, Martin Ştefan şi colab. (2002), simptomele schizofreniei sunt impartite în trei mari categorii:

(1) pozitive sau distorsiunea realităţii caracterizată prin halucinaţii şi iluzii;

(2) negative, ce constau în simptome deficitare inclusiv tulburări ale gândirii (limbajului).

Familiile resimt schimbările de personalitate ale pacienţilor, la modul cum le este afectat temperamentul, sentimentele de inferioritate, încrederea de sine şi în cei apropiaţi. Familia percepe personaliatatea lor ca fiind "irecuperabilă". În viata de zi cu zi, pacienţii suferinzi de schizofrenie adesea manifestă stări sufleteşti sau forme de comporatament care perturbă liniştea familiei.

1.5.4. Evoluţie şi prognostic

Potrivit DSM-ului, cele mai multe studii despre evoluţia şi deznodământul schizofreniei, sugerează că poate fi variabile, unii indivizi prezentând exacerbări şi remisiuni, pe când alţii se cronicizează. Din cauza diversităţii în definire şi prognostic, o expunere exactă a deznodământului schizofreniei pe termen lung nu este posibilă. Remisiunea completă (adică, o revenire la nivelul premorbid de activitate) este probabil rară în această tulburare. Dintre cei care rămân suferinzi, unii par a avea o evoluţie relativ stabilă, pe când alţii prezintă o înrăutăţire progresivă asociată cu o incapacitate severă în domeniile socio-ocupaţionale. La începutul maladiei, simptomele negative pot fi pronunţate, apărând iniţial ca elemente prodromale. Ulterior apar simptomele pozitive. Pentru că aceste simptome pozitive sunt extrem de sensibile la tratament, ele, de regulă se pot diminua, însă la mulţi indivizi, simptomele negative pot persista. Există unele indicii că simptomele negative pot deveni cu certitudine mai pronunţate la unii indivizi în cursul maladiei. Numeroase studii au indicat un grup de predictori ce sunt asociate cu un prognostic mai bun. După X. Wang (1994) acestea includ:

- adaptarea premorbidă bună;
- debutul acut;
- etatea mai mare la debut;
- absenţa anosognoziei (lipsa conştiinţei tulburării);
- apartenenţa la genul feminin;
- evenimentele precipitante;
- perturbarea afectivă asociată;

- tratamentul cu antipsihotice după debutul tulburării;
- complianța la tratament;
- un istoric familial de tulburare afectivă;
- nici un istoric familial de schizofrenie.

Familia, prietenii, societatea intervin în evoluția bolii, fiind primii care observă tulburările comportamentale. Pacienții cu defecte reziduale a personalității și remisie socială pot fi încadrați în munci de menaj, munci de rutină, cei cu defecte multiple necesitând supravegheerea continuă. Ratele recăderilor sunt mult mai mari în familiile în care rudele au arătat o expresivitate emoțională crescută definită prin comentarii critice, expresii ostile, sentimente arătate în mod impulsiv. Rate recaderilor se reduce dacă rudele sunt pregătite să accepte pacientul așa cum este el, prin furnizarea de informații despre boală prin intermediul grupurilor psiho-educative din cadrul unui program special de instruire.

Prognosticul bolii este influențat de o serie de factori cu acțiune înainte de debut sau după debutul bolii. După H. Jackson (1989) semnificația unui prognostic bun este dat de: debut acut, episod scurt, fără antecedente psihotice, simptome predominant afective, vârsta înaintată a debutului, căsătoria, personalitate anterioară conciliatorie, rezultate corecte în muncă și relații sociale potrivite. Tot cu caracater de prognostic bun sunt asocierea bolii cu factorii precipitanți evidențiați prin caracterul paranoid, catatonic și simptome pozitive.

Prognosticul rezervat este dat de: debutul insidios, episod lung, cu antecedente psihotice și cu simptome negative-autism. Alți factori ca: vârsta tânără a debutului, persoana singură, divorțată sau văduvă, personalitate anterioară modificată progresiv, rezultate modeste în muncă, relaționare socială scăzută, integrare deficitară, lipsa factorilor precipitanți, evoluție cronică, simptome negative, semne neurologice, suferinţa perinatală, lipsa remisiunii în ultimii trei ani, numeroase recăderi, etc.

CAPITOLUL II: MODELE BIO-PSIHO-SOCIALE ÎN SCHIZOFRENIE

În prezent se postulează trei direcţii explicative în ceea ce priveşte boala psihică pe care le considerăm complementare. Acestea sunt: *modelulul biologic, modelul psihanalitic şi modelul bio-psiho-social.*

2.1. Modelul biologic

În prezent, investigaţiile biologice, prin amploarea şi valoarea lor informaţională, deschid noi perspective în explicarea acestei boli (Birţ, 2001, p. 441).

Acest prim model consideră că boală psihică este un fenomen biologic având diverse cauze genetice şi mezologice.

2.1.1. Contribuţia genetică

Cercetările realizate de B. J. Sadock şi V. A. Sadock (2000) argumentează rolul factorilor ereditari şi de implicarea lor asupra formelor schizofreniei, cu o precădere crescută a variaţiei asupra cauzelor schizofreniei şi a celor asociate acesteia. După părerea autorilor tulburările de personalitate schizoidă, schizotipală şi cea de personalitate paranoidă apar cu o incidenţă crescută la rudele biologice a pacienţilor cu schizofrenie de gradul I si II (tabel 2. II):

Tabelul 4. II. Implicarea factorilor ereditari în formele
schizofreniei
V. J. Sadock și V. A. Sadock (2000)

SUBIECȚI	PREVALENȚA (%)
▪ populația	1 %
generală	8 %
▪ frații	12 %
▪ un copil cu un	
părinte	12 %
schizofren	40 %
▪ gemenii dizigoți	47 %
▪ un copil cu doi	
parinti	
schizofreni	
▪ gemenii	
monozigoți	

Studiile genetice susțin că factorul cel mai important de risc este dată de existența unei persoane afectate de această boală în istoricul familiei. Studiile pe gemeni și adopții au afirmat aceasta ipoteză a transmiterii ereditare. Indicele de concordanță a fost găsit la perechile de gemeni monozigoți. Totuși, studiile pe adopție au demonstrat aderența schizofreniei la factorii ce țin de ereditate, și nu de efectele intrafamiliare (tabelul 3.II).

Tabel 5. II. Studii despre adopție
M. Stefan, M. Travis și R. M. Murray în *An atlas of schizophrenia* (2002, p. 33)

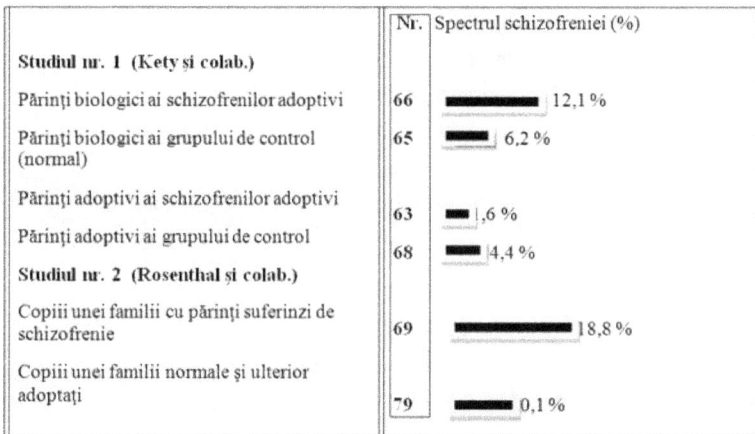

	Nr.	Spectrul schizofreniei (%)
Studiul nr. 1 (Kety și colab.)		
Părinți biologici ai schizofrenilor adoptivi	66	12,1 %
Părinți biologici ai grupului de control (normal)	65	6,2 %
Părinți adoptivi ai schizofrenilor adoptivi	63	1,6 %
Părinți adoptivi ai grupului de control	68	4,4 %
Studiul nr. 2 (Rosenthal și colab.)		
Copiii unei familii cu părinți suferinzi de schizofrenie	69	18,8 %
Copiii unei familii normale și ulterior adoptați	79	0,1 %

Printr-un studiu publicat în *American Journal o Psychiatry*, S. P. Hamilton (2012) a descoperit 14 gene responsabile schizofreniei (de exemplu: DTNBPI, NRGI, DAOA). Studiul interprins de cercetător a fost longitudinal și a durat 15 ani. Eșantionul de pariticipanți a fost alcătuit din persoane diagnosticate de această boală sau similare (tulburările de personalitate schizoafective). Cercetarea s-a desfășurat în 12 state: jumătate dintr-o parte a coastei Americii și cealaltă din cea a Australiei, constând în completarea online a unui chestionar de autoevaluare clinică. Rezultatele au demonstrat că aproximativ 17 % din indivizi proveneau din pedigree cu diverși membrii diagnosticați la un moment dat cu schizofrenie.

Studiile transversale și prospective realizate de Bruce Bower și colab. (1998) pe un eșantion de 100 de familii au arătat o asociere cu o genă localizată pe cromozomul 13 care ar putea contribui la cel puţin câteva cazuri de schizofrenie. O altă analiză de linkaj au identificat gene candidate pe cromozomul 6 ce ar fi responsabile de gândirea dezorganizată, halucinaţii tipice şi de alineaţie mintală (Pulver, 2000).

Studiile pe gemeni şi pe adopţii demonstrează că genele au un rol major în etiologia schizofreniei (Gahesman,1991). În ciuda cercetărilor de identificare a genelor candidate (Thomson, 2005), autorii au eşuat în a identifica care din gene au contribuit în dezvoltarea schizofreniei.

2.1.2. Ipoteza biochimică

Teoriile biochimice postulează ipoteza conform căreia simptomatologia schizofreniei este influenţată de către funcţionarea deficitară a dopaminei (Yang, 1993; Sommer, 1993; Taubes, 1994). Adiţional, studiile din domeniul neuroştiinţe încearcă să argumenteze rolul dopaminei responsabilă de perturbarea zonelor cerebrale din timpul vieţii intrauterine sau după naştere, făcând ca boala să debuteze, ca şi „explozie întârziată" în adolescenţă sau în perioada adultă.

În următoarea secţiune vom acorda o atenţie analizei cunoaşterii implicaţiei receptorilor de la nivelul creierului în înţelegerea simptomatologiei bolii, după cum urmează:

a) Receptorii dopaminergici

Studiile tomografice cu emisie de pozitroni (PET) au demonstrat aderenţa medicaţiei antipsihotice atipice (de exemplu: clonzapin) asupra receptorilor dopaminergici D2. S-a constatat o corelaţie inversă între anumite semne clinice negative, ca şi aplatizarea afectivă şi procentul ocupării receptorilor D2 striali, ca o consecinţă a perturbării activităţii dopaminei.

Mai mult, aceste cercetări au evidențiat și rolul amfetaminelor ce ar amorsa psihoza paranoidă și ar accentua schizofrenia.

Alte ipoteze recente relevă o cantitate insuficientă a neurotransmițătorilor dopaminei din cortexul frontal al creierului ce ar argumenta de ce persoanele cu schizofrenie prezintă deficiențe în procesele mnenzice (Hodges, 2001). Cercetările au gasit receptorii dopaminergici D1că ar fi responsabile de medierea nivelului dopaminei din cortexul prefrontal și pot juca un rol important în abilitățile intelectuale ale indivizilor. Autoarea R. D. C. Jeican (2005), consideră că datele despre densitatea receptorilor D2 sunt cele mai controversate și că majoritatea studiilor indică o creștere a densității acestora.

b) Receptorii serotoninegici

Ipotezele serotonergice privind schizofrenia anticipiează ipotezele dopaminergice și confirmă acțiunea halucinogenului LSD în calea serotoninei. Prin PET se poate observa acțiunea antipsihozelor în calea modulării receptorilor serotonergici la subiecți.

Conform cercetărilor (Jeican, R. D. C., 2005; Jeican, R. D. C., 2007) serotonina intervene în fiziologia schizofreniei prin modularea dopaminei. Concluziile conduc spre emitera unor ipoteze referitoare la corelația dintre nivelul serotoninei cu agitația psihomotorie. În schizofrenie s-a constatat creșterea nivelului serotoninei și a metaboliților săi (de exemplu: acidul 5-hidroxi-indolacetic).

c) Receptorii GABA-ergici

În prezent s-au efectuat studii alternative pornind de la investigații neurochimice în schizofrenie. Câteva studii au arătat modificări ale acidului gamma-aminobutiric (GABA) ce ar putea avea un rol în modularearea dopaminei. O parte din studii înclină balanţa spre ipoteza că GABA descreşte amorsarea dopaminei şi că ar spori concentraţia dopaminei. Aşadar, ar fi posibil ca odată cu reducerea funcţiilor GABA care conduc la iregulari ale dopaminei, să conducă la reducerea manifestarile simptomelor psihotice.

2.1.3. Teorii neurofiziologice

Asumpţii centrale ale cercetărilor din neuroştiinţele dezvoltării privind schizofrenia, demonstrează că se asociază cu mişcarea iregulară a globilor oculari. Dificultatea de a urmări mişcările laterale ale globilor oculari se definesc ca bazele perturbării aprecierii vizuale şi a inhibiţiilor sacadelor globilor oculari pretentă la pacienţii cu schizofrenie. Disfuncţiile globilor oculari pot fi markere pentru schizofrenie, în funcţie de medicamentele pe care le consumă şi de tabloul clinic. Aceasta este vizibilă şi la rudele de gradul 1. Diverse studii au evidenţiat mişcări anormale ale globilor oculari la 50 % şi 85 % dintre pacienţii cu schizofrenie (Gelder 2002).

Înregistrările electroencefalografice la majoritatea pacienţilor au înregistrat modificări privind scăderea undelor alfa, precum şi creşterea undelor thetra şi delta. Totodată, pacienţii cu schizofrenie manifestă o deficienţă în a filtra sunetele irelevante şi sunt extrem de sensibile la zgomotele de fond. Fluxul sunetelor ce rezultă perturbă concentrarea şi ar putea produce halucinaţii auditive.

2.1.4. Teorii patogenetice

Aceste teorii necesită cunoaşterea structurii şi funcţiilor creierului, raportate la substratul neuroanatomic, cel neurochimic şi neuropsihologic. Însă până în acest moment, doar o parte din cercetări acoperă înţelegerea acestor mecanisme.

Prin studiile tridimensionale ale nucleilor cerebrali s-a descoperit o lărgire a ventriculului lateral în schizofrenie (figura 2.II.). Studiile pe monozigoți demonstrează cu succes această diferență, deoarece unul dintre ei poate prezinta o lărgire a ventriculului lateral și scaderea din volum a cortexului temporar, depistate prin RMN (figura 3. II.).

Figura 2.II. Studiile RMN pe monozigoți despre sistemul ventricular

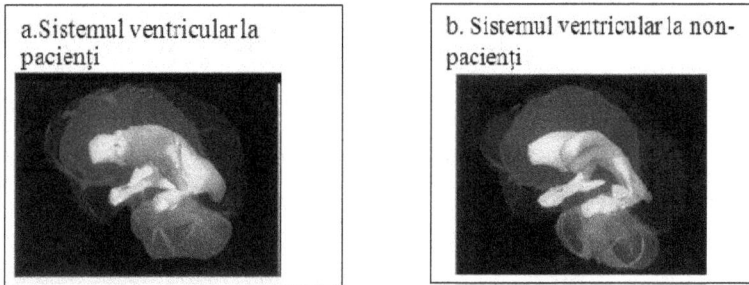

Sursă:
http://www.angelfire.com/journal2/ballisticprimate/An.Atlas.of.Schizo phrenia.pdf, accesat astăzi 20 August 2012

Figura 3. II. Studiile RMN pe monozigoți despre mărimea ventriculară

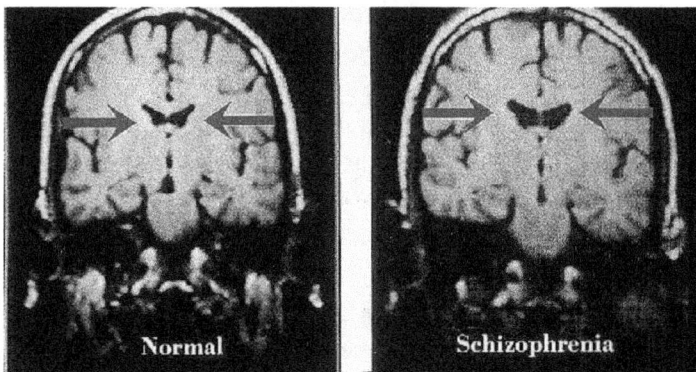

Sursă
http://www.angelfire.com/journal2/ballisticprimate/An.Atlas.of.Schizo phrenia.pdf, accesat astăzi 3 Noiembrie 2012

Rezultatul examenelor neuroradiologice pe bază de tomografie computerizată au indicat modificări a volumului creierului la pacientii cu schizofrenie, constatându-se reducerea volumului substanței cenușii și albe (Birț, M. A., 2001). Steen R. G. și colab. (2006) au efectuat un studiu privind modificarea greutății creierului la 1424 de pacienți indicând o scădere ușoară, dar semnificativă a acestei. Adițional, alte studii au dovedit o diminuare a hipocampului, dar și a regiunilor frontale, temporale, amigdaliene și a corpului calos (Chiriță, V., 2002; R. D. C. Jeican, 2007).

2.1.5. Teoria imunologică

Diverse anomalii imunologice au fost găsite la pacienții cu schizofrenie. Acestea au inclus cantități scăzute ale celulelor T, reducerea numărului și răspunsurilor limfocitelor perierice, anomalii celulare și prezența de anticorpi la nivelul creierului. Rezultatele pot fi interpretate ca și consecințe ale efectelor toxice are virușilor sau unei boli endogene autoimune. Investigațiile demarate în scopul dovedirii infecțiilor toxice virale în schizofrenie au ieșit negative, deși datele epidemiologice arătau incidența schizofreniei în urma expuneri prenatale la gripe. Alte lucrări menționază de numărul crescut de anomalii fizice la naștere, numărul crescut al sarcinilor și complicațiilor la naștere, sezonul nașterii compatibilă cu infecțiile virale și perioada spitalizării (B. J. Sadock, H. I. Kaplan, 1994; R. D. C. Jeican, 2007).

Ca o concluzie a acestui capitol, considerăm că modelul biologic nu oferă decât o explicatie de tip cauza-efect a bolii. El poate oferi argumente cauzale de tip boală-bacil, însă, nu și o abordare sistemică ca și cea psihologică care încearcă să atribuie cauzele variabilelor psiho-comportamentale, sociale, culturale și ecologice ca factori importanți în etiologia și evoluția bolilor (Băban, A., 1990).

2.2. Modelul psihanalitic

Acest model aduce în discuție explicații din domeniul antropolgiei culturale găsind explicații „plauzibile" pentru majoritatea bolnavilor. G. O. Gabbard (2005) promovează convingerea părintelui psihanalizei. Sigmund Freud (1900, 1917, 1933) susținea că schizofrenia apare datorită maturizării timpurii a neuronilor înainte ca procesul să fi atins punctul culminat în dezvoltare. Acestea conduc la alterări ale dezvoltării egoului considerate de el ca fiind simptome ce ar putea duce la schizofrenie. Cu alte cuvinte, dezintegrarea eului în schizofrenie reprezintă o întoarcere în timp când egoul încă nu era pregătit sau începea să se stabilească. Astfel, conflictele intrapsihice apărute în urma dezvoltării timpurii a stărilor eului ar fi putut rezulta din relațiile sărace cu obiectele, întreținând psihoza (B. J. Sadock, H. I. Kaplan, 1994). O altă caracteristică dominantă în schizofrenie după Freud se referă la dezinvestirea obiectelor și la cantitatea de energie atașată oricărei structuri intrapsihice sau reprezentării obiectului. Alteori a folosit termenul pentru a descrie retragerea socială, față de persoanele din mediu. A mai utilizat și conceptul de regresie pentru a explica răspunsurile la frustrare și conflictele intense cu ceilalți ce ar putea explica, totodată și retragerea autistă a pacienților. Ulterior a fost postulat că investirea pacientului se poate înțelețe ca și o reinvestiție a sinelui.

Gabbard (2005) consideră schizofrenia: "o perturbare a înrudirii interpersonale.."; „mamele deficiente ce dezvoltă bebelușului un sine încărcat cu anxietate și impiedică obținerea satisfacerii nevoilor de către copil " (p. 420). În contrast, Paul Federn (1943) susţine presupus că defectele din interiorul egoului permit creşterea agresivităţii, rezultând o deteriorare a relaţiei dintre mamă şi copil, ce conduce la eventuale dizarmonii în personalitatea copilului şi slabe mecanisme de copin la stres. Instalarea simptomelor din timpul adolescenţei apar atunci când tinerii adolescenţi doresc o remarcare puternică a egoului, independenta şi despărţirea de părinţi.

2.2.1. Teoria psihodinamică

După Garfield (1995) abordările psihodinamice ale schizofreniei explică manifestările acestei boli în ideea că, delirurile de grandoare sau halucinaţiile apar adesea după o imediată insultă a autostimei pacientului. A doua ipoteză a autorului ne conduce spre asumpţia că anxietăţiile intense, îngrijorarea privind integritatea limitărilor eului, şi frica de fuziune cu ceilalţi conduc spre izolare. Totodată, convingerea tuturor autorilor de orientare psihodinamice constă în faptul că relaţiile terapeutice cu clinicienii sensibili pot ameliora fundamental *calitatea vieţii pacienţilor cu schizofrenie*. Această premisă a fost confirmată de studiile pe pacienţi remişi complet, conform cărora 80 % din cei cu psihoterapie pe termen îndelungat, se pot recupera. Chiar dacă recuperarea totală nu este atinsă, relaţia terapeutică poate fi "cheie" în recuperare (Rund, 1990).

2.2.2. Teoria sistemelor familiale

Printr-un studiu realizat în Marea Britanie la copii în vârstă de 5 ani privind relaţiile sărace dintre mame şi copii au pornit de la următoarele premise: copii rezultaţi din mame cu schizofrenie au prezentat de 6 ori mai mare risc de a manifesta schizofrenie, decât dacă au fost adoptaţi de alţi părinţi. Cu toate acestea, nu există dovezi despre un pattern specific care ar juca rol în dezvoltarea ei.

După autorii Lidz (1946) Bateson și colab. (1956) distingem două teorii comportamentale ale familiilor.

- *Teoria familiilor asimetrice*- prima explicație se referă la o comunicarea deficitară între părinți, unde unul dintre ei este prea aproapiat de unul dintre copiii de sex opus. Și a doua, la o relație asimetrică dintre un copil și un părinte ce implică o puternică concurență și un părinte dominant.

- *Teoria legăturii duble*- descrie o familie în care un copil preia și interiorizează mesaje comportamentale, atitudinale și sentimentale de la conflictele dintre adulți. În ipotezele lui Bateson, copilul se retrage în sinea sa pentru a se sustrage în urma "confuziilor lăuntrice".

După părerea noastră, aceste teorii ne oferă doar explicații cauzele, eșuând în descrierea un pattern specific.

2.2.3. Ipoteza fenomenologică

În viziunea minkowskiană, schizofrenia este „pierderea contactului vital cu realitatea", deoarece înțelege prin „vital" „factorii iraționali ai vieții". Mikowski (1997) asocia schizofrenia cu autismul, nu doar în termeni de introversiune, ci și de conexiunea individului cu lumea din jurul său. Autorul spunea: *„această lume nu e doar o colecție de stimuli externi, de atomi, forțe și energie"*, ci *„o mișcare curentă ce cuprinde din toate unghiruile și constituie ambianța fără de care nu am ști cum să traim"*. După autor, *„bolnavul are conștiința modificărilor profunde intervenite în psihismul său ca urmare a slăbirii tendințelor instictivo-afective... "* (Mikowski, p. 79). Acest fenomen este uneori dramatic și dă senzatia unei lezări fizice și mentale greu de exprimat.

Drept urmare, modelele psihanalitice constituie abordări tradiționale ce ne pot oferi lămuriri, dar nu și o explicaţie cauzală a bolii. În literatura de specialitate se aduc contraargumente acestei paradigme, ce nu pot servi decât la scăderea complianţei la tratament, întrucât împovărează şi culpabilizează familiile (Anderson şi Stuart, 1983).

2.3. Modelul bio-psiho-social

După E. Školka (2008), Englel a dezvoltat modelul bio-psiho-social ca reacţie la cel biomedical, incorporând, atât achiziţiile medicinei biologice, cât şi cel al variabilelor psiho-comportamentale, sociale, culturale şi ecologice, consideraţi ca factori importanti în etiologia şi evolutia bolilor. În centrul acestei paradigme se află ideea omului ca întreg (abordarea holistă) specifică lui Rogers, Maslow şi Allport.

Despre schizofrenie se postulează că este o boală cu o etiologie necunoscută. Această asumpţie nu mai este valabilă. Schizofrenia este complexă ca alte boli, de exemplu ca şi cea de inimă ce nu au doar un singur factor determinant, ci mai mulţi factori predispozanţi după cum se poate observa în schema noastră:

Figura 4. II. Modelul bio-psiho-social al factorilor de risc în cauzarea bolii

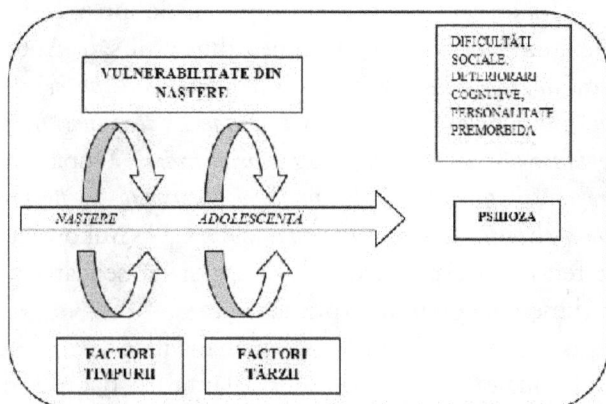

Modelul nostru preconizează că există influențe genetice și somatice în cursul schizofreniei începând din perioada perinatală sub influența unor evenimente traumatizante sau factori ce țin de constituție și reactivitate la factorii din mediu, ce ar putea contura o personalitate premorbidă.

În literatura de specialitate, modelul bio-psiho-social oferă un ghid în vederea operaționalizării intervențiilor cognitiv-comportamentale după cum vom observa în subcapitolele următoare.

2.3.1. Teoria cognitiv-comportamentală

Acest model se bazează pe modelul tranzacțional, în care atâta timp cât pacientul crede în interpretări, ruminații ale evenimentelor, comportamentul lui devine consistent cu convingerea. Pacientul aproximează lumea prin intermediul unor convingere disfuncționale de tip *totul sau nimic* (Beck și Rector, 2002). Kingdon și Turkington (2005) sunt de acord cu ipoteza că indivizii cu schizofrenie sunt în esență diferiți unii de alții și se află în permanență luptă cu gândurile și convingerea lor față de realitatea exterioară.

Ideile delirante sunt văzute ca acte de exprimare goală a căror contexte informaționale se adresează nici lumii și nici sinelui. Sunt lipsite de expresivitate simbolică, iar mecanismul ideilor delirante este reprezentat de fixări deficitare neuropsihologice. Acestea includ biasări egocentrice, prin care pacientul devinde închis în perspectiva egocentrică și deduce evenimentele irelevante, dar relevante pentru sine. Prin biasări externe, senzațiile interne sau simptomele sunt atribuite agenților externi (de exemplu: intențiile ostile vizavi de comportamentul altora).

Marcinko și Read (2004) au revizuit înregistrările narative ale pacienților din timpul ședințelor de terapie. Autorii exemplifică cazul unui pacient care mărturisit că a fost prezent la moartea fratelui său. Şoferul maşinii care i-a lovit fratele a părasit locul accidentului şi nu a mai fost de găsit. *Interpretarea pacientului* a fost că FBI-ul l-a omorât pe fratele lui pentru a pedepsi pacientul pentru crimă. Pacientul a început să cheme FBI-ul şi să-i ameninţe. Conţinutul ideilor delirante reflectă sistemele de convingere care sunt tipice şi altor perturbari psihiatrice. De aceea, convingerile ce influenţează simptomele de panică şi depresie sunt şi ele prezente în psihoză.

Modelul cognitiv al halucinaţiilor după Beck şi Rector (2002) poate fi considerat similar cu cel al modelului cognitiv pentru iluzii. Halucinaţiile din ultimul model apar ca urmare problemelor de discriminare auto-generate de stimulii din mediu. Adiţional, pacienţii cu schizofrenie tind să interpeteze gresit sursele vocilor ca fiind: *omnipotente, omnisciente şi incontrolabile.* Cu cât mai mult, pacientul crede că vocile sunt puternice, cu atât mai mult este mai predispus ca să se comporte precum spun „vocile".

Contextul socio-cultural influenţează felul în care este perceput diagnosticul de schizofrenie şi boala în general. Reacţiile la diagnosticul de schizofrenie depind în mare măsură de schemele cognitive şi de felul cum este interpretată. Schemele cognitive se formează în urma interacţiunii lor iniţiale cu persoane şi evenimente importante din viaţa individului. Odată formate, ele se angajează într-o ordine ierarhică, de la cele concrete si până la cele abstracte si au rolul de a ghida si canaliza noile informaţii astfel încât să corespundă cu aceste scheme. Pe măsură ce schemele devin tot mai bine organizate si diferenţiate structural ele vor creste constrângerile în ceea ce priveşte interpretarea noilor informaţii în concordanţă cu schemele cognitive preexistente. Prin urmare, subiectul va tinde să interpreteze noile informaţii şi evenimentele în funcţie de credinţele, convingerile şi informaţiile pe care le deţin deja.

Convingerile reprezintă cognitii evaluative sau reprezentări persoanale ale realității care pot fi rigide. Atunci cand convingerile rigide sunt prezente, ele sunt denumite credințe irationale și se exprima sub forma lui „trebuie", „este absolut necesar" „este obligatoriu".

Conform teoriei lui Beck, atunci când o persoană percepe prezența unui stimul traumatizant se activează patternurile cognitive relevante care vor fi utilizate pentru a evalua și dă sens situației respective. Gândurile specifice care se activează sunt în concordanță cu caracteristica situației și ale contextului. Percepția și interpretarea situației devin selective, egocentrice și rigide, persoana confruntându-se cu incapacitatea de a „elimina gândurile distorsionate" apărute în mod automat, inconștient. Cognitiile negative sunt însoțite de emoții negative disfuncționale care creează discomfort psihic și motivează persoana să recurgă la comportamente dezadaptative (Dryden,W. și Giuseppe, R. 2003).

Uneori mecanismele prin care persoana încearcă să se adapteze pot deveni extrem de autodestructive. Modelul acestor gânduri și verbalizări auto-sabotatoare („self defeating thoughts, verbalisations'), în opinia lui Vargo (Školka, 2006) diferă în funcție de caracterul înnăscut sau dobândit al disabilității.

2.3.2. Insight-ul în schizofrenie

Termenul de "insight" și echivalentele lui există doar în limbile vest-germanice și nordice. Oxford English Dictionary (2002) susține că principal definiție se referă la: „a vedea în interior cu ochii minții sau a înțelege caracterul ascuns al naturii lucrurilor, a observa ceea ce este dincolo de suprafață".

K. Jaspers (1913) înțelegea prin „insight" „conștientizarea propriilor simptome și a propriei boli". El afirmă că „în psihoză nu există insight complet al bolii-uneori

65

însă, la debutul afecţiunii, bolnavul poate conştientiza simptomatologia într-o oarecare măsură" (C. A. Crişan, 2010, p. 5).

Din punct de vedere al relaţiei termenului „insight" cu boala psihică, primele referiri au fost făcute de Pick în 1882 („Krankheitseinsicht"). Delasiuave (1861) folosea un termen aparte, de "pseudo-monomanie" pentru pacienţii cu monomania care îşi conştientizau starea morbidă.

Ivana Marková (2005), în cartea sa "Insight in Psychiatry", face istoricul acestui concept îndelung dezbătut, din trei perspective- franceză, engleză, germană.

Spre deosebire de Kraeplin şi Bleurer, care nu au fost interesaţi de conceptul de insight, de diagnosticul lui şi de semnificaţia sa de factor predictiv, K. Jaspers (1948) a fost cel care a studiat îndelung acest concept şi cel care a adus numeroase elemente noi. El considera că nu numai pacienţii devin conştienţi şi elaborează o judecată asupra simptomelor bolii lor, dar şi exprimarea simptomelor de boală este afectată de capacitatea de conştientizare şi de judecata pacienţilor. Jaspers a observat că în stadiile incipiente ale "psihozei", pacienţii erau încurcaţi, stânjeniţi, având o reacţie de înţeles, faţă de experienţele pe care le trăiau. Odată cu progresia bolii, pacienţii încercau să dea un sens propriilor experienţe şi elaborau un sistem delirant. Când boala producea modificări ale personalităţii, atititudinea pacientului faţă de boală era din ce în ce mai puţin înţeleasă. Dacă insight-ul persistă, el consideră că pacientul suferă mai degrabă de o tulburare de personalitate, decât o psihoză. La pacienţii compensaţi după un episod psihotic, Jaspers a făcut o distincţie între psihoze ca mania sau tulburarea alcoolică, în care bolnavii erau capabili să analizeze experienţele prin care au trecut şi schizofrenia, în care pacienţii nu aveau insight.

În 1989, Greenfeld (C. A. Crișan, 2010, p. 10) a propus un model de insight constând din cinci dimensiuni distincte și independente, evaluate cu ajutorul unui interviu-semistructurat:

d) concepția despre simptome;
e) concepția despre existența unei boli;
f) speculații în ceea ce privește etiologia;
g) concepția despre riscul recăderilor;
h) concepția despre oportunitatea tratamentului.

Această abordare se centrează în special asupra înțelegerii de către pacienți că ceea ce li se petrece este ca urmare a sensului pe care îl acordă propriilor experiențe.

Relevanța conștientizării bolii este susținută de relația sa strânsă cu non-aderența la tratament. Crumlish (2005) și Morgan (2002) au observat că un insight mai bun al bolii este asociată cu o mai bună conștientizare a depresiei în psihoza precoce, ceea ce reprezintă o problemă importantă, având în vedere riscul crescut de depresie și suicid în primul an de la debutul bolii.

Ar fi multe de spus la acest subiect, însă cel mai important lucru ar fi să acordăm importanță recunoașterii propriei patologii și a consecințelor pe care le are insight-ul asupra următoarelor domenii investigate de numeroși cercetători: simptomatologiei, prezența depresiei și suicidului, asupra comportamentului agresiv, funcționării socio-profesionale, calitatea vieții și complianța la tratament.

CAPITOLUL III. IMPACTUL SCHIZOFRENIEI ASUPRA FUNCŢIONĂRII SOCIO-PROFESIONALE ŞI A CALITĂŢII VIEŢII

Preocuparea faţă de conceptul de calitatea vieţii s-a manifestat în medicină după ce a făcut carieră în domeniul socio-politic. Sociologii americani au fost cei care au introdus termeni ca: „fericirea" (happiness), „starea de bine psihologică" (psychological well-being), „satisfacţia de viaţă", „adaptarea socială", „calitatea vieţii" (quality of life) pentru ca în 1976 Campbell să se intereseze de calitatea vieţii colective.

Termenul de calitatea vieţii va avea un succes imediat întărind 10 ani mai târziu declaraţia de la ALMA-ATA a Organizaţiei Mondiale a Sănătăţii (1978): *„Sănătatea e o stare completă de bunăstare fizică, mentală şi socială şi nu doar absenţa bolii sau a infirmităţii."*

Boala, pe de altă parte, este definită de psihologii A. Paziuc şi O. Mărginean în *Ghidul practic de dezvoltare a serviciilor de asistenţă comunitară pentru persoanele cu probleme de sănătate mintală în oraşele mici şi comunităţile rurale* (2009, p. 7) ca „o serie de modificări biologice şi/sau psiho-comportamentale care generează o stare de distres şi/sau dizabilitate sau un risc crescut spre distres şi/sau dizabilitate".

Lăzărescu (1999) defineşte conceptul de „calitatea vieţii ca fiind modalitatea concretă a unui om de a exista în viaţa de zi cu zi printre alţi oameni într-o societatea-cultură dată".

În accepţiune mai largă, calitatea vieţii este dată de percepţiile indivizilor asupra situaţilor lor sociale, în contextul sistemelor de valori culturale în care trăiesc dependentă de propriile lor trebuinţe, standarde şi aspiraţii (OMS, 1998). Mai specific, prin calitatea vieţii în medicină se înţelege bunăstarea fizică, psihică şi socială, precum şi capacitatea pacienţilor de a-şi îndeplini sarcinile obişnuite din viaţa cotidiană. O definiţie utilitaristă este propusă de Revicki şi Kaplan (1993): „calitatea vieţii reflectă preferinţele pentru anumite stări ale sănătăţii ce permit ameliorările morbidităţii şi mortalităţii şi care se exprimă printr-un singur indice ponderat – anii de viaţă standardizaţii. "

D. L. Patrick şi P. Erikson (1993) discută despre mari curente conceptuale: a) calitatea vieţii abordat ca un concept unidimensional, prin măsurarea unui singur aspect relaţionat cu starea de sănătate; 2) calitatea vieţii abordată ca un concept multidimensional, în ceea ce priveşe măsurarea globală a stării de sănătate; calitatea vieţii subiective, adică măsurarea individuală şi/sau subiectivă a stării de sănătate.

Potrivit teoriei lui Katsching (2006) calitatea vieţii subiective derivă din adaptarea nivelului de aspiraţie, dorinţe, scopuri, la condiţiile de mediu şi de abilităţile personale de a acorda solicitările personale cu împlinirea dorinţelor şi scopurilor.

Rumboldt, 1997 identifică dimenisiunile calităţii vieţii, şi anume:

Bunăstarea emoţională sau psihică, ilustrată prin indicatori precum: fericirea, mulţumirea de sine, sentimentul identităţii personale, evitarea stresului excesiv, stima de sine (*self-esteem*), bogăţia vieţii spirituale, sentimentul de siguranţă.

Relaţiile interpersonale, ilustrate prin indicatori precum: a te bucura de intimitate, afecţiune, prieteni şi prietenii, contacte sociale, suport social (dimensiunile suportului social).

Bunăstarea materială, ilustrată prin predictori precum: siguranţa la locul de muncă, venituri adecvate, hrană potrivită, loc de muncă, posesie de bunuri (mobile – imobile), locuinţe, status social.

Afirmarea personală, care înseamnă: competenţă profesională, promovare profesională, activităţi intelectuale captivante, abilități/deprinderi profesionale solide, împlinire profesională, niveluri de educație adecvate profesiei.

Bunăstarea fizică, concretizată în sănătate, mobilitate fizică, alimentație adecvată, disponibilitatea timpului liber, asigurarea asistenței medicale de bună calitate, asigurări de sănătate, activități preferate interesante în timpul liber (hobbyuri și satisfacerea lor), formă fizică optimă sau fitness, concretizată în cei patru S, Strenght – forță fizică, Stamina – vigoare sau rezistență fizică, Suppleness – suplețe fizică și Skills – îndemânare sau abilitate fizică.

Independența, care însemnă autonomie în viață, posibilitatea de a face alegeri personale, capacitatea de a lua decizii, autocontrolul personal, prezența unor valori și scopuri clar definite, autoconducerea în viață.

Integrarea socială, care se referă la prezența unui status și rol social, acceptarea în diferite grupuri sociale, accesibilitatea suportului social, climat de muncă stimulativ, participarea la activități comunitare, activitatea în organizații neguvernamentale, apartenența la o comunitatea spiritual-religioasă.

Asigurarea drepturilor fundamentale ale omului, cum sunt: dreptul la vot, dreptul la proprietate, la intimitate, accesul la învățătură și cultură, dreptul la un proces rapid și echitabil etc.

După R. Nancy (1990) cele 12 nevoi fundametale ale unui pacient sunt:

1. Menținerea unui mediu de viață sigur și sănătos.

2. Comunicarea cu semenii.

3. Respirația.

4. Hrana și băutura - satisfacerea minimului de hrană și apă.

5. Igiena

6. Îmbrăcarea și curăţenia corporală.

7. Controlul temperaturii corporale.

8. Mobilitatea corporală.

9. Munca şi jocul.

10. Exprimarea sexualităţii.

11. Somnul.

12. Moartea sau decesul.

Deşi calitatea vieţii este considerată o variabilă importantă în schizofrenie, cele mai multe studii s-au centrat în a reda legătura calităţii vieţii cu factorii clinici ca: **depresia** (Cohen şi colab., 2003), **simptomele negative** (Jin şi colab, 2001), **deficite cognitive** (Mittal şi colab, 2006), **simptome pozitive** (Kasckow, 2001), **anxietate** (Palmer şi colab, 2002), **sănătatea fizică** (Petterson si colab.,1996), **factori asociaţi cu statutul de angajator** (Wetherell si colab.,2003), **singurătatea** (Auslander si colab,2003), **domeniile sociale** (Borge şi colab., 1999) şi **stresul acut** (Karow şi colab., 2002).

3.1. Modele teoretice ale conceptului de calitatea vieţii în schizofrenie

Revizuiri recente din literatura calităţii vieţii au ajutat în înţelegerea unor perspective cu privire la ce anume exact înseamnă calitatea vieţii şi cum este conceptual utilizat în cercetările din domeniul sănătăţii mentale. De exemplu, Gladis si colab (1999) au identificat 2 modele ce predomină calitatea vieţii: unul implicit şi celălalt explicit. Primul model se centrează pe satisfacţia indivizilor faţă de circumstanţele vieţii sale şi sunt exclusiv măsurate subiectiv. Al doilea se centrează (ex. deficitele funcţionale) şi bunăstarea socială şi materială (ex. numărul de prieteni apropiaţi, resurse financiare adecvate) măsurate prin evaluări obiective. Lehman (1997) a propus un model al calităţii vieţii incorporând sensul bunăstării, statusul funcţional şi accesul la resurse.

Evaluarea calităţii vieţii bolnavilor cu schizofrenie (Cismaş, P.L., 2011) prezintă particularităţi date de:

- tulburări de gândire
- tulburări de vorbire, comunicare
- tulburări de relaţionare
- stări reziduale
- stări deficitare
- necesitatea între trăirile subiective relatate şi comportamental obiectiv în viaţa de zi cu zi;
- tratament neuroleptic de lungă durată cu efecte secundare

3.2. Impactul psihologic al schizofreniei asupra calităţii vieţii

Acest capitol încearcă să traseze principalele teme, descoperiri şi constatări de cercetare în familiile de pacienţi cu schizofrenie, ce au avut loc în ultimii 20 de ani. În timp ce un număr de concluzii pot fi trasate, unele zone necesită încă validare.

În momentul de faţă recunoaştem că faptul de a avea o rudă apropiată diagnosticată de o boală psihică gravă poate cauza de multe ori niveluri ridicate de stres şi este percepută ca şi o povară. Consecinţele asumării responsabilităţii în faţa rudei bolnave implică un număr de factori, inclusiv cele ce ţin de disponibilitate şi natura problemelor pacientului, dar, de asemenea, prin evaluări personale ale experienţei şi a sentimentelor declanşate de boală.

Intervenţiile familiale din ultimii ani (Sartorious şi colab. 2005) în domeniul interveţiilor familiale s-au orientate spre îmbunătăţirea evoluţiei pacientului, unele sporind nivelul de speranţa a pacienţilor privind vederea reducerii recidivărilor şi spitalizărilor.

Deocamdată, nu există dovezi puternice privind eficacitatea intervenţiilor de familie în schizofrenie. Cu toate acestea, conţinutul studiilor în evaluarea intervenţiilor familiale a variat foarte mult şi s-au ridicat probleme în practicile de îngrijire. Se părea că, succesul intervenţiilor familiale depind de resurse de timp, calificare şi angajament.

3.2.1. Reacţii psihologice la momentul aflării diagnosticului

Primele cercetări sintetizate de noi se referă la reacţiile familiei (1), iar în cea de-a doua parte persoanelor cu schizofrenie (2)

(1) Ryan (1993), în studiile sale a investigat acest subiect pentru a arăta că mamele la momentul acceptării diagnosticului, îşi dedică toată viaţa copilului bolnav, pierzându-şi libertatea şi dreptul la o viaţă normală. Mulţi părinţi experienţiează sentimente de supărări prelungite şi remuşcări. Copilul pe care îl iubesc este ascuns după boală. Pierd ideea de a avea copilul ideal, acesta transformându-se într-un copil „bizar " ce necesită îngrijire. S-a observat că mamele care acceptă diagnosticul şi intră într-un grup de suport văd viitorul într-o lumina mai bună. Kálmán (1997) arată că de cele mai multe ori apar probleme serioase şi în împlinirea rolului de soţie. Din cauza eforturilor depuse, a preocupărilor permanente din jurul adolescentului, mama ajunge într-o stare de istovire fizică şi psihică, îşi consumă resursele, se aplatizează din punct de vedere emoţional, îşi pierde caracterul atrăgător ca femeie, renunţă tot mai adesea dacă nu totalmente la viaţa sexuală şi treptat-treptat se înstrăinează de soţul ei.

Howard (1998) a găsit că taţii îşi ridică probleme finaciare, familiale, griji vizavi de viitorul copilului şi petrec mai puţin timp decât mamele cu adolescentul, influentând procesul recuperator. Taţii resimt diagnosticul schizofreniei în familia lor ca fiind cel mai rău lucru.

Alte studii (Wintersteen și Ramussen,1997) demonstrează că unii tați la locul de muncă devin mai izolați pentru a preîntâmpina stigma și a nu avea de a face cu un sentimentul de insecuritate, devinind tot mai implicati în muncă sau hobby-uri pentru descărcarea tensiunii. În cercetarea autorilor, rudele persoanelor cu boli mintale au căutat să ofere sprijin și iubire, să aducă informatii despre boală mintală, bazându-se pe factori spirituali în recuperare. Rudele sub vârsta de 10 ani manifestă o reprimare a emoțiilor și comportamentelor de tip preferențial (Anderson și Anderson, 1996). Alte răspunsuri identificate au fost de natură comportamentală, de internalizare a emoțiilor sau blocarea sentimentelor, preocupări legate de sine și autoizolare.

(2) Reacția emoțională la boală în general, se manifestă la nivel comportamental, pacientul adoptând diferite comportamente în funcție de felul în care evaluează și își interpretează boala, dar și în funcție de evaluarea resurselor proprii necesare pentru a face față acestei situații. Reacțiile comportamentale pot avea un caracter activ, de implicare și informare în legătură cu boala sau un caracter pervaziv, de evitare, restrângere, neîmplicare (Glass, C.R și Merluzzi,T. , 2000).

David (1998) sugerează că răspunsurile emoționale în schizofrenie depind de modul cum pacieții percep și descriu consecințele sociale ale bolii mentale, mai degrabă decât cunostința despre boala în sine.

În contrast, Leventhal și colab (1984) susțin că persoanele se luptă cu sănătatea, negând că au un rol activ în însănătoșirea prin modul cum își formează reprezentările bolii care după autor se bazeaza pe 5 constructe :

1) identitatea (simptomele si eticheta asociata bolii)

2) cauza (atribuirea etiologica a bolii)

3) tratament/control (convingerea conform careia conditia lor este ameliorabilă prin recurgerea la tratament și control)

4) consecinţe (persoanle, sociale şi financiare ale bolii)

5) durată (durata bolii)

Acest model a lui Leventhal înglobează importanţa răspunsului emoţional şi comportamental în componenta sănătăţii, definind insightul ca fiind modul convenţional prin care se poate evalua experienţa individului cu psihoza. Acest lucru a fost demonstrat şi de studiul lui Karow şi colab. (2006) susţinând că o mai bună capacitate de insight se asociază cu o funcţionare socială mai bună şi o scădere a calităţii vieţii subiective. După Charmaine (2007) insight-ul poate fi evaluat din propoziţii declarative ca: „*sunt o persoană cu o boală mintală*" sau „*trebuie să urmez un tratament regulamentar pentru a-mi stăpâni boala.*" Insight-ul, pe de o parte reflectă măsura în care persoanele sunt de acord cu doctorii, iar pe de alta parte şi recunoaşterea acestora că aparţin unui grup de oameni afectaţi de aceeaşi boală.

Prin urmare există doua posibilităţi: ori aleg să-şi accepte diagnoticul, ori îl neagă, adoptând o poziţie neutră (Barham şi Hayward, 1998). Dar din păcate, un număr semnificativ de indivizi diagnosticaţi cu schizofrenie apelează la o ultimă cale, şi anume: suicidul (Tarrier, Khan, Cater şi Picken, 2007).

Studiile autorilor Lobban şi colab. (2005) în urma aplicării Scalei de percepţie a bolii certifică că indivizii care au avut o identitate puternică a bolii şi au semnalat un număr mare de simptome au fost predispuşi la anxietate şi depresie. Anxietatea şi depresia au fost ambele asociate cu convingerea că boala va dura o perioadă mai lungă de timp. Pe când ceilalţi care şi-au văzut simptomele lor ca şi fiind recursive au fost predispuşi doar spre anxietate. Acest rezultat validează ipoteza că anxietatea se asociează cu sentimente de neajutorare la momentul aflării diagnosticului (Beck, Emery și Greenberg, 1985).

Așteptarile indivizilor după diagnosticul de schizofrenie depind de reprezentările proprii despre boala lor, confirmându-ne că serviciile de sănătate mintală având un rol în influențarea informațiilor despre boală, acest lucru răsfrângându-se asupra persoanei și a societății în general. De aceea identitatea bolii este influențată de informația transmisă și de experiențele incluse într-un anumit context social. Astfel, vorbim de conceptul de ambiguitatea atribuțională care apare din cauza faptului că în cadrul interacțiunii dintre persoane stigmatizate și nestigmatizate, comportamentul celor din urmă poate fi determinat de calitățile personale și comportamentul persoanei stigmatizate sau de stereotipiile, prejudecățile atașate stigmei, miturilor legate de persoanele cu psihoză (Skolka, 2008). De aceea, unii indivizi cu schizofrenie tind să manifeste comportamente de retragere, așa cum afirmă următorul pacient: „*Deoarece toată lumea crede că sunt nebun.../Nu voi spune nimănui că aud voci. Nu mă simt în siguranță cu acest lucru. M-am imaginat închis într-o celulă dacă aș spune adevărul*" (Judge și colab., 2008).

Alternările condiționale ale bolii pe termen lung adesea afectează comportamentul, starea sufletească și întreaga personalitate a pacientului. Rodica Jeican (2001) face urmatoarele afirmații despre personalitatea schizofrenului: „*Personalitatea și conștiința bolnavului pot fi modificate în schizofrenie. Trebuie precizat că în general schizofrenii sunt corect orientați în privinta propriei persoane. Ei știu cine sunt, unde se află, în ce an, lună sau zi se gasesc. Totuși conștiința de sine poate fi alterată. Astfel, ei pot să-si simtă schimbat psihicul și fizicul. De exemplu pot să-și simtă corpul dedublat sau eul dedublat. Ei pot creadă că în afara gândului propriu mai există încă unul în mintea lor cu care dialoghează*".

3.2.2. Distresul experienţiat de familii

Boala mintală este prin natura ei o experienţă familială. Termenul de familie se defineşte ca „un grup de oameni ce împart aceeaşi locuinţă şi care sunt ataşaţi emoţional, interacţionează în mod repetat şi işi împart aceleaşi griji în vederea creşterii şi dezvoltării indivizilor şi a familiei" (Stuart şi Laraia, 1998, p.859). Când un membru al familei este diagnosticat cu schizofrenie, în cele mai multe cazuri în adolescenţă, viaţa familiei este întreruptă şi chiar traiectoria acesteia, din cauza interdependenţei care există în interiorul sistemului, fiecare membru fiind afectat într-un anume fel.

Cu toate acestea, anumite simtome pot mai degrabă să cauzeze dificultăţi pentru membrii familiei, incoerenţele întâlnite în studii pot de asemenea să reflecte cruda natură a dificultăţilor în contextul alternanţei situaţiilor complexe. Binenţeles, lipsa unei relaţii directe între severitatea simptomului şi a pericolului la care sunt expuse rudele poate fi influenţată de răspunsul membrilor familiei, iar un număr de studii au căutat răspunsurile alternative în anumite deznodăminturi.

Dificultatea de a trăi cu „schizofrenia" şi stigma asociată acesteia lasă subiecţilor şi familiei, sentimente de izolare şi ruşine (Bartol, Moon si Linton,1994). Membrii familiei sunt de obicei primii care observă că ceva nu este în regulă cu copilul lor prin: privirea pierdută, ostilitate, suspiciune, frică, retragere din contanctele sociale, comportament bizar, probleme de adormire şi deterioarare în igienă personală, ş.a.. Aceşti factori cauzează preocupări şi confuzie pentru că persoana cu schizofrenie, s-ar putea să nu recunoască nici o schimbare şi familia să apeleze la consultaţie medicală.

Dezamăgirea este cu atât mai mare cu cât adolescentul primeşte diagnosticul de schizofrenie. După Kálmán (1997) părinții a se confruntă cu disperare, autoculpabilizare, anxietate, rușine, teamă, nesiguranță cand realizeaza ca copilul lor are o deficiență. Nesiguranța se rezumă la întrebări legate de viitorul apropiat și cel indepartat.

Îndată ce schizofrenia este diagnosticată în adolescentă, așteptările adulților tineri de a începe o viață independentă și separarea de părinți este întreruptă. Părinții devin îngrijorați și continuă să urmareasca episoadele de regresie și sunt departe de a reflecta asupra viitorului și propriilor nevoi personale. Pe de altă parte, aceste observații continue sunt vitale pentru că îi determină să acționeze la cele mai mici devieri de comportament și să se pregătească pentru lupta cu episodul acut. Deznădajdurirea si sentimentele de preocupare intervin cand pacientul nu-și ia medicația chiar deloc sau accidental. Întârzierea poate interveni atunci cand pacientului îi revin simptomele, interpretând atitudinile părinților drept ca o conspirație împotriva lor.

Dupa Bungener și McCormack (1994), părinții pe măsură ce devin din ce în ce mai vârstnici se simt responsabili în continuare de copilul lor dependent, dar au resurse energetice din ce în ce mai reduse în a asigura satisfacerea necesităților lor. Una din mame spunea :

> *„Am 65 de ani și sotul meu 68. Fiica noastră are 38 de ani și știu că voi muri înaintea ei. Ce se va întâmpla cu ea? Vorbesc zilnic cu ea și îi dau banii necesari. Nu poate să-si administreze singură banii, nici de la o zi la alta. Când a avut o zi proastă am vorbit cu ea timp de 4 ore la telefon. Nu va exista nimeni care să facă acest lucru în lipsa noastră. Acum 4 ani a incercat să-și ia viata și mi-e frică că o va face dupa ce noi nu v-om mai fi." (Jones, 1997, p.85).*

Toate aceste studii arată impactul schizofreniei asupra membrilor familiei, gradul de împlinire sau de neîmplinire a acestor funcții, influențează starea de bine subiectivă a fiecărui membru al familiei în parte, dar și funcționarea familiei ca unitate.

3.3. Predictori asupra funcţionării socio-profesionale pe termen lung

Într-un studiu publicat în revista *BioMedical Center*, Gee Louis şi colab.(2003) s-au centrat pe analiza narativelor unui număr semnificativ de subiecţi, identificând următorii predictori ai calităţii vieţii:

a) bariere intâlnite în relaţiile interpesonale
Pacienţii au raportat că în general se simt izolaţi din pricina problemelor mentale şi au fost îngrijoraţi de ce gandesc ceilalţi despre ei. S-au arătat preocupaţi de îngrijorarea posibilă a părinţilor şi a prietenilor apropiaţi. Prietenii se tem de condiţia lor psihiatrică şi că vor fi respinşi de familie şi prieteni: *„„La ora actuală, nu am o relaţie stabilă cu ei (familia) din pricina problemelor care le-am avut. Am solicitat-o prea mult pe mama. Ea era foarte îngrijorată de condiţia mea. Nu ştia cum să mă ajute".*

b) reducerea controlului comportamentului şi acţiunilor
Pacienţii au comentat că problemele de sănătate i-au determinat să se comporte într-o maniera în care ei nu au avut de ales. Acestea au inclus preocupări vizavi de cum ar putea să apară în faţa altora: *„Ei –vocile- m-au afectat destul de mult. Au incercat să mă determine să îmi fac rău şi lucruri pe care nu vreau să le fac. Nu am simţit nevoia să vorbesc cu oamenii despre aceste lucruri, deoarece ma gândeam ce vor spune despre mine".*

c) pierderea oportunităţii de satisfacere a rolurilor ocupaţionale;
Neavând ocupaţie, pacienţii au interpretat ca o pierdere a contactului cu ceilalţi. Toţi au comentat că boala lor au făcut să fie dificilă experienţierea sentimentului de a fi util, respectat şi valoros: *„Rutina zilnica şi faptul de a avea ceva de făcut*

în fiecare zi...acum e totul la fel . Doar începi să numeri zilele si să vezi ziua de mâine ca pe una obișnuită sau specială".

d) constrângeri financiare față de activitati sau preferinte de petrecerea timpului liber

Pacienții au raportat că datorită bolii, nu-și mai permit financiar să călătorească, să-și petreacă vacanțel și că trebuie să aibă grijă de bani, deoarece venitul din pensii abia că acoperă necesarul zilnic: *„Nu pot face lucrurile ca altădată.......mi-ar placea să ma duc la pescuit.....Nu pot să-mi cumpar echipament. Mi-ar plăcea să mai ies pe afară și sa vizitez locuri diferite, dar nu pot ".*

e) experiența subiectivă a simptomelor psihotice

Participanții au descris o serie de simptome, ca cel al anxietății, depresiei, pierderea forței, oboseală, ș.a.: *„E ca si cum...nu m-am putut trezi din pat. Nu simțeam că am vreun motiv pentru care să mă lupt...nu-mi găseam energia necesară pentru a face ceva".*

f) efectele secundare ale medicație

Nici unul dintre subiecți nu au raportat vreun efect pozitiv sau negativ al bolii: *„Nu vreau sa le iau. Nu simt nimic când le iau și nu văd vreun motiv pentru care să le iau. Nu au nici un efect asupra mea"*

g) răspunsuri psihologice la boala de schizofrenie

Acestea au inclus sentimentul că doar ei pot avea această problemă, stimă de sine scazută, sentimente de neajutorare și neputință: *„hmmm...te face să te simți ca si cum nu poți invinge ,te simți deznădajduit și cu ideea că nu poți să fi tu însuți ..."; „A fost groaznic...m-am simțit inutil și neajutorat...nu puteam vorbi cu cineva despre asta și am stat în pat toată ziua"; „când m-am îmbolnavit pentru prima oră...credeam că doar eu am această problemă. Primul lucru care* *am făcut m-a ajutat să aflu dacă cineva va mai trece prin același lucru ca și mine".*

h) etichetarea si atitudinea celorlalți

Eticheta de „boala mintală" a afectat mai multe domenii ca: relațiile interpersonale, viața socială, munca, etc. : „Persoanele cu care lucrezi pot afla că ai fost la spital...este uimitor câte lucruri pot ști oamenii despre tine. Și apoi, mai este și...nu știu dacă doar eu simt acea privire hotărâtoare pe care o primești și nu mai poți scăpa de ea. Asta mi se pare cel mai greu."

i) preocupări față de viitor

Acestea au inclus temeri referitoare la posibilitatea de reîntoarcere la spital, modul cum va evolua boala: „Îmi fac griji că trebuie să mă intorc la spital din nou"/„ Nu mă gândesc la nimic pozitiv ce ar putea să-mi rezerve viitorul și tot timpul am să fiu la fel. Bine, lucrurile se pot schimba și pot ramâne aceleași pentru mine".

j) experiențe pozitive privind boala

Doar trei dintre subiecți au văzut vreo consecință pozitivă a bolii vizavi de familie, de faptul că s-au îmbunătățit comunicarea dintre membrii familiei și li s-a oferit mai multă atenție având în vedere condiția lor: *„S-au îmbunatățit mult (relațiile familial). Pot să vorbesc mai deschis și suntem mai apropiați decât înainte".*

Predictorii funcționării socio-profesionale sunt similare cu cele argumentate de autoare D. Anghel (2010) și care sunt considerați a avea o contribuție generală în garantarea unei calități pozitive a vieții.

CAPITOLUL IV. MANAGEMENTUL PSIHO-SOCIAL ŞI DOMENIUL SERVICIILOR DE SĂNĂTATE MINTALĂ

În România, conform articolului 1 din Legea „Sănătăţii mintale", 482/2002, „sănătatea mintală reprezintă o componenă fundamentală a sănătăţii individuale şi constituie un obiectiv major al politiicii de sănătate publică, iar în articolul 5 prin „persoana cu tulburări psihice se înţelege persoana bolnavă psihic, persoana cu dezechilibru psihic sau insuficient dezvoltată psihic ori dependentă de alcool sau de droguri, precum şi persoana care manifestă alte dereglări ce pot fi clasificate, conform normelor de diagnostic în vigoare din practica medicală, ca fiind tulburări psihice". De asemenea, legea menţionată mai sus defineşte şi termenul de persoană cu tulburări psihice grave, adică „persoana cu tulburări psihice care nu este în stare să înţeleagă semnificaţia şi consecinţele comportamentului său, astfel încât necesită ajutor psihiatric imediat" (A. Paziuc şi colab., 2009).

4.1.1 Principiile programelor de reabilitare psiho-sociale

Una din preocupările terapeutice contemporane este legată de reabilitarea şi reinserţia comunitară a persoanelor cu dizabilitati psihice. Viziunea este de (re) integrarea socio-profesională a tuturor categoriilor de cetăţeni, un demers profund uman, constituind unul din reperele lumii civilizate.

În sens larg, reabilitarea psiho-socială (RPS) cuprinde ansamblul măsurilor de îngrijire a persoanei cu probleme de sănatate mintală de lunga durata în vederea reîntoarcerii beneficiarului în societate. Programele de R.P.S. se adresează în special beneficiarilor (sau foştilor beneficiari) ai serviciilor de sănătate mintală. Programele de reabilitarea psiho-socială sunt concepute pentru exersarea abilităţilor şi deprinderilor de către indivizi, astfel încât să preîntâmpine nevoile vocaţionale, de socializare şi de dezvoltare personală ale acestora (Gunatilake si colab. 2004).

În sens restrâns, termenul de reabilitare înseamnă recuperare şi tratament psiho-social.

Cu toate că sunt entităţi distincte, în literatură sunt utilizate interşanjabil.

Reabilitarea psiho-socială presupune un demers plurimodal- individualizat, de implicare şi de responsabilizare a pacientului în cadrul contextului său social, în asa fel încât acesta să-şi poata recâstiga drepturile şi capacităţile prin :

- posibilitatea de a avea o locuinţă proprie, mai mult sau mai puţin protejată, în funcţie de nevoi, dar care sa se constituie într-un spatiu existenţial privat;
- posibilitatea de a participa la producerea de bunuri, recompensa fiind aceea a obţinerii unui statut de producător de valori sociale sau economice;
- posibilitatea de a avea acces la reţeaua de suport social si de îngrijiri de sănatate.

După Zubin şi Spring (1977) reabilitarea psiho-socială a persoanelor cu probleme severe de sănătate mintală urmăresc trei tipuri de intervenţii:

1) reducerea directă a dizabilităţii;

2) dezvoltarea unor noi abilităţi care să contracareze sau să compenseze afectarea care a generat dizabilitatea;

3) manipularea ţintită a mediului, astfel încât acesta să crească în suportivitate şi să susţină o funcţionare mai bună a persoanei.

Tratamentul psiho-social (Guntilake şi colab., 2004) cuprinde trei dimensiuni al oricărui tratament: *biologic, psihologic şi* psihosocial. Reabilitarea este metoda în care pacienţii pot să fie ajutaţi să-şi modeleze vieţile şi recuperarea este procesul fundamental utilizat pentru facilitarea condiției pacienților în a-și utiliza resursele disponibile pentru planificarea vieții lor. Totodată, pentru a face față consecințelor și simptomelor reziduale, precum și în autoajustarea calității vieții prin utilizarea de resuse interne. <u>Considerăm că, nivelul de funcționare, nu psihopatologia mențin pacienții în spital!</u> În această direcție, au fost demarate programe de reabilitare bazate pe modelul „Stres versus Vulnerabilitate" (Zubin și Spring, 1977). Aceste programe au fost direcționate spre pacienți și familiile lor sau către rudele acestora cu scopul de a scădea rata racăderilor.

După dr. Ovidiu Sturz (2003), planul de reabilitarea psiho-socială (figura cuprinde
următorii pași:
- planul de tratament;
- intervenții de tip comunitar;
- reinserție socială

Figura 5. IV. Planul de reabilitare psiho-socială în *Caiet de stadiu la Psihiatrie adulți* (2003, p. 108)

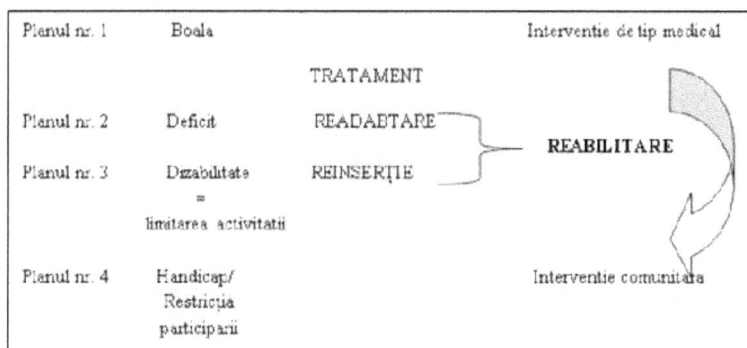

4.1.2 Modelul de recuperare după Ridgeway

Recuperarea înseamnă a „relua", „reînnoii" sau „restabilii" situaţia la limitele normalităţii. După (Gunatilake şi colab., 2004), recuperarea este un proces dinamic ce desemnează interacţiunea dintre tăria emoţională, vulnerabilitate şi resursele existente ale pacientului pentru recuperare şi mediu. Totodată, împlică un traseu persoanal de autodirijare a tulburării psihiatrice prin îndreptarea, sporirea şi menţinerea sensului pozitiv al sinelui, a rolurilor şi vieţii dincolo de sistemul mental de sănătate, precum şi în ciuda provocării cauzate de dizabilitatiea psihiatrică. Potrivit lui Onken (2002), recuperarea implică un proces de învăţare zilnică în vederea învingerii dizabilităţii, câştigării independenţei şi implicarea individului în viaţa socială. În accepţiunea noastră, recuperarea se bazează pe: **speranţe, convingeri, puterea persoanală, respect, conexiune şi autodeterminare.** Similar, *dimensiunile recuperarii* după Guntilake şi colab. (2004) sunt: **independenţa autoeficacitatea, autodeterminarea resursele, nevoile bazale , abilităţii,interdependenţa si relaţii.**

După Ridgeway (Gunatilake, p. 234), recuperarea cuprinde următoarele asumpţii:

„Recuperarea este redeşteptarea sperantei după deznadejde"
„Recuperarea este distrugerea negării şi dobândirea înţelegerii şi a acceptarii"
„Recuperarea este trecerea de la reţinere spre angajament"
„Recuperarea este refacerea părţii pozitive a sinelui şi determinarea individului a nu se vedea ca pe un pacient"
„Recuperarea este un traseu de la alienare spre scop"
„Recuperarea nu se însoţeşte singură, implică suport şi relaţionări sociale pozitive".

Aceste teme implică responsabilitatea personală a pacientului în a-şi lua în serios paşii pentru regăsirea sinelui şi in a-si da un inţeles sinelui, similar cu abordarea dinamicexperiențială. Ralph (Guntilake ,2004) identifică 4 dimensiuni prin care se aprecieaza pacienții:

a) factori interni care se referă la conștientizarea părților ce implică boala, recunoașterea nevoii schimbării, insight-ul și determinarea recuperării.

b) dimensiunea de autoadministrare include descrierea a modului cum pacienții doresc

să-și administreze propria lor sănătate și cum s-ar adapta dificultăților.

c) factori externi care includ interconexiune cu ceilalți și suport din partea familiei, prietenilor.

d) „self-empowering"- sintagma ce se referă la rezistența internă a persoanei pentru dobândirea auto-eficacității.

În consecință, identificăm două principii majore în ceea ce privește realbilitarea psihosocială:

1. Principiul capacității persoanei de a trăi funcționa satisfăcător, în ciuda limitărilor pe care le impune boala și,

2. Principiul asumării abilitatea unor responsabilități personale pentru tratament.

4.1.3 Factori spirituali în recuperare

Conceptul de „spiritualitate" oferă posibilitatea de a lua în considerare rolul religiei ca parte integrate în reabilitarea persoanelor diagnisticate cu schizofrenie. După Huguele și colab. (2008), religia poate oferi oportunități pentru agajarea pacienților în activități ca și cele ocupaționale. Dincolo de acestea, poate constitui un mod de satisfacere a aspirațiilor sociale ale individului de-a lungul vieții. Reabilitarea se referă la cultivarea elementelor pozitive a vieții unei persoane, ce pot impinge persoana în sfera unei psihologii pozitive care implică căutarea bucuriei.

Freud (Huguele, 2008) afirmă că religiozitatea funcţionează ca mecanisme de adaptare la dificultăţile zilnice. Potrivit „consumatorilor", religiozitatea şi spiritualitatea pot constitui resurse majore în recuperare. Potrivit studiilor, strategiile de coping religioase au mai multe destinaţii: spirituale (speranţă, semnificaţie) şi restricţie (ajută individul să-şi menţină emoţiile şi comportamentul sub control), autodezvoltare (autoeficacitate), împărtăşire (apropiere, conectivitate). Pergament şi colab. (1997) suţin că prin intermediul religiozităţii, boala recapată semnificaţie de "graţie divină", "un dar", "o incercare", "o acceptare spirituală a suferinţei" sau în polul opus, conotaţii negative: ca "existenţa demonilor", "pedeasă divină".

Sub aspect social, religia asigură promovarea unor comportamente interpersonale, ce conduc la reducerea agresivităţii şi îmbunătăţesc relaţiile sociale. Doar o treime din pacienţi utilizează strategii de coping în mod pozitiv şi primesc suport din partea comunităţii. De altfel, protejează pacienţii de tentativele la suicid şi abuzul de droguri. În studiul lui Borras şi colab. (Pergament, 1997) au demonstrat că există corelaţii pozitive dintre sentimentele de religiozitate şi răspunsul la tratament. Potrivit studiului, 31 % din pacienţii spuneau că boala şi evoluţia ei sunt direct influenţate de convingerile religioase pozitive, adică *„un test trimis de Dumnezeu pentru a mă duce pe calea cea bună", „un dar de la Dumnezeu"* sau *„un plan al lui Dumnezeu".* În procent de 26 % din pacienţi au atribuit convingeri negative drept *„pedeapsă divină", „stăpânirea diavolului".* Restul efectelor sunt datorate suportului social sau altor predictori specificaţi în alte studii.

4.2 Principalele tipuri de programe psiho-sociale

4.2.1 Etapele unui program psiho-educațional

Pe baza cercetarilor realizate de grupa scoțienilor condusă de Fadden (1987), principalele condiții identificare în implementarea unui program de intervenție psiho-educațional constă în:

a) serviciile să fie oferite tuturor pacienților și familiilor.

b) programele să fie inițiate pe baza principiului intervenție în situații de criză.

c) programele să pună accent pe promovarea funcționării sociale a familiei și a beneficiarilor.

d) programele să asigure continuitate pe termen lung; echipa de intervenție poate prelungi durata intervențiilor până la 2 ani de la prima intervenție.

e) sarcina principală a echipei constă în reprezentarea familiei pacientului în vederea exprimării nemulțumirii față de serviciile psihiatrice oferite în clinici

Aceste 5 condiții pot fi integrate într-un program bazat pe înțelegerea a unui sistem intreg ce influențează starea de sănătate a beneficiarului.

4.2.2. Antrenarea abilităților sociale

În scopul antrenării abilităților sociale, un obiectiv principal este exersarea limbajului. Schizofrenia văzută ca o tulburare majoră *în sfera contactelor sociale și a limbajului*. Obiectivele intervențiilor vizează dezvoltarea capacității persoanei de a începe o conversație și la ajustarea timbrului vocal și a volumului. În ceea ce privește cel non-verbal, obiectivele sunt direcționate spre antrenarea *expresivității faciale, privirea*, etc. Conform metodei interacțiunii sociale în contextul unui grup restrâns, conversațiile sunt etapizate în elemente simple, ca și contactul ochi în ochi, adresarea unei întrebări și strângerea mâinii. Terapeutul ofera înstrucţiunile necesare asupra modului de executare a unui comportament particular şi oferă modele. Pacientul devine capabil să intre mai bine în rol şi să-şi însuşească comportamentul, în timp ce terapeutul oferă întăriri.

Heinssen, Liberman şi Kopelowicz (2000) au evaluat eficacitatea acestor practici de reinserţie socială, ajungând la urmatoarele concluzii:

- pacienţii cu schizofrenie pot fi învăţati cu o paleta largă de competenţe sociale şi instrumentale, de la *comportamentele simple la cele complexe*, cum ar fi abilitaţile de angajamet în conversaţie şi managementul autoadministrării medicaţiei.

-training-urile de acest tip au efecte pozitive asupra modului cum se percep pacienţii pe ei înşişi, dar au un *impact minor* asupra simptomelor şi recăderilor.

- eficacitatea trainingurilor sociale implică *un antrenament continuu.*

Într-u studiu experimental, Glynn şi colab. (2000) au demonstrat că un număr extins de pacienţi din clinici au dobândit cunoştinţe substanţiale despre managementul bolii şi au manifestat abilităţi sociale. Pacienţii au fost evaluaţi în vivo în cadrul studiului experimental, iar aceştia au fost capabili de a transfera abilităţile sociale învăţate în contexte sociale.

4.2.3. Psihoeducaţia şi normalizarea

Psihoeducaţia în familie este considerată ca şi o practică bazată pe evidenţe empirice în tratamentul tulburărilor psihotice (Sherman colab., 2008), în scopul de a reduce riscul ocurenţei recăderilor, remisia simptomelor psihotice reziduale şi îmbunătăţirea funcţionării sociale şi familiale a individului afectat. Psihoeducaţia familiei este utilizată într- o varietate crescută de boli mentale (Angermeyer, 2004). Membrii familiei doresc mai multe informații despre boală de la profesionaliștii din sănătate mintală. Atunci când familia care primește suport emoțional dezvolta strategii eficiente în a-și ajuta persoana apropiată. Întrebați fiind direct despre nevoile lor privind sarcinile privind îngrijirea rudei bolnave, Hartfield (1981) a identificat trei preocupări majore:

- înțelegerea simptomelor (47%);
- sugestii specifice referitoare la strategii de coping vizavi de comportamentul pacientului (23%);
- relaționarea cu alți oameni cu experiențe similare (30%).

4.3. Sistemul de Sănătate Mintală și Psihiatria Comunitară.

Printr-un studiu Wieland și colab. (2007) au urmărit dacă există o corelație pozitivă dintre suportul familiar și calitatea vieții persoanelor cu schizofrenie. Intervenția a inclus sesiuni individuale și familiale, prin intermediul căreia s-au oferit note informative despre boala mintală a membrilor familiei. Ipoteza autorilor a indicat că expresia căldurii manifestate de către mamele pesoanelor cu schizofrenie a fost asociată cu un nivel ridicat al calității vieții. Întăririle pozitive oferite de mame, de exemplu: laude, îmbrațișări- au fost relatate ca și fiind importante în vederea îmbunătațirii calității vieții a persoanelor cu schizofrenie. Comportamentul prosocial al familiilor persoanelor cu schizofrenie a fost studiat și de către Lopez si colab. (2004). Cercetările lor au demonstrat că, atunci când membrii familiei sunt capabili să privească deficiența rudelor sale pot să contribuie la calitatea vieții, ameliorând condiția pacientului.

În vederea oferirii unor servici medicale de înaltă calitate se impune organizarea unei echipe multidisciplinare pentru reabilitarea psihosocială a beneficiarilor din centrele de sănătate mintale. Pornind de la această premisă am conceput un model principalelor domenii de apartenenţă a componentei echipei multidisciplinare:

Figura 6. IV. Domeniile de apartenenţă a echipei multidisciplinare

În baza modelului considerăm că există o relaţie de complementaritate. Echipa trebuie să răspundă nevoilor reale ale comunităţii în scopul prevenirii recăderilor, promovării sănătăţii, îngrijirii şi susţinerii persoanelor cu schizofrenie.

4.3.1 Principiile unui program psihoeducaţional

Programele de intervenţie psiho-educative au scopul de a preveni recăderile (Vaughn şi Leff, 1976a; Falloon şi colab., 1982; Falloon şi Liberman, 1983; Goldstein, Rodnick, Evans, May şi Steinberg, 1978; Hogarty şi colab., 1986). Profesionaliştii au rolul de promova colaborarea cu familia cu scopul de a spori înţelegerea bolii şi de a răspunde manifestărilor în mod corespunzător.

Principiile unui program de psihoeducaţional investigate de noi sunt:

- Principiul promovării serviciilor universale
  Serviciile sunt oferite pacienţilor şi familiilor. În primul rând, se dovedeşte a fi un principiu important pentru că respectă clauzele din majoritatea centrelor de sănătate şi

îngrijire medicală. În al doilea rând, studiile din literatura de specialitate se centrează pe aspecte ce ţin de expresivitate emoţională crescută pe care o manifestă familiile (Fallon, 1988; Goldstein, 1987). Conform ipotezei autorilor, rudele experenţiează intensităţi crescute ale emoţiilor exacerbând simptomele negative la bolnavi. În contrast, familiile cu expresivitatee emoţională scazută, nu pot asigura o stimulare suficieentă pentru îmbunătaţirea funcţionării sociale.

• Principiul asigurării intervenţiei de criză

Intervenţia de criză începe odată cu instalarea episodului acut care, de regulă, este urmat de spitalizare. Implicarea familiei este esenţială pentru promovarea unei relaţii de comunicare dintre familie şi echipa de interventie în scopul creşterii şanselor complianţei la tratament. După Hartfield şi colab. (1981) majoritatea familiilor în timpul perioadei de internare au exprimat emoţii intense, vizavi de „acceptarea" rudei cu schizofrenie. Familia trebuie să lupte cu perioada de preinternare urmată de nelinişte, frământări şi cu cea de postinternare finalizată cu diagnosticul unei boli cronice mintale. Înţelegerea şi atenţia către nevoile emoţionale ale familiei în această perioadă este crucială pentru stabilirea cooperării. Intervenţiile se adresează impactului emoţional al bolii psihice asupra familiei şi explorarea strategiilor de coping. Psihoeducaţia bolii are rolul de a preveni anxietatea. Brown şi colab. (1966) demonstrează că există corelaţii pozitive dintre emoţiile exprimate de părinţi şi episoadele de recădere. Nivelele de expresivitate emoţională sunt determinate de frecvenţa criticilor /remarcilor pozitive sau ostilile şi/sau căldura afectivă. Acestea sunt considerate variabile dihotomice care pot influenţa cursul schizofreniei în timp.

• Principiul asigurării inserţiei sociale a beneficiarului şi a familiei

Competenţa socială a beneficiarului şi a familiei este ţinta unui program de intervenţie îndelungată în scopul promovării autonomiei, ca deprindere esenţială pentru această funcţionare. Există o serie de programe vocaţionale în diferite instituţii în funcţie de resursele dipsonibile. Pacienţii pot lucra la curăţătorie de haine sau în bucătărie. Un alt obiectiv al intervenţiilor este distribuirea rolurilor.

• Principiul prelungirii serviciilor de intervenţie psiho-educationale

Autorii (Hartfield şi colab, 1981) estimează că sunt necesari 2 ani după intervenţie ca familia să accepte diagnosticul. De aceea este important ca echipa să fie constituită din aceeaşi membrii, care au stabilit o legatură stabilă cu familia. Sarcinile echipei sunt asigurarea continuităţii serviciile oferite pentru a nu afecta complianţa la tratament. În timpul celor 2 ani dacă se intâmplă ca pacientul să aibe recăderi, echipa să fie dispusă să ofere sprijinul necesar pentru a facilita procesul, atât pentru pacient, cât şi pentru familie.

• Principiul asigurării servicilor de către clinicianul familial

Clinicianul familia are un rol important în echipa multidisciplinară de intervenţie în vederea aprovizionării şi distribuirii serviciilor de tip postintervenţie. Acesta stabileşte paşii esenţiali în intervenţia psiho-educaţională şi trebuie îndeplinite în totalitate.

Criteriile ce definesc serviciile de sănătate mintală oferite sunt influenţate de organizarea şi evoluţia societăţii şi în raport cu natura influenţelor represiv-modelatorii ale acestuia (A. Paziuc şi colab., 2009).

CAPITOLUL V. PSIHOTERAPIA ŞI PLANIFICAREA UNOR PROGRAME DE INTERVENŢIE INDIVIDUALIZATE

5.1 Terapia cognitiv-comportamentală (TCC)

Terapia cognitiv-comportamentală în schizofreniei (Beck şi colab., 2002) serveşte drept ca scop în tratarea diferitelor simptome ale bolii fără a diatiza contextul stresului. Dovezile empirice privind eficacitatatea noilor metode se bazează pe proceduri metaanalitice cognitive ce reduc iluziie, halucinaţiile şi simptomele negative şi eficienţa alianţei terapeutice.

5.1.1. Obiectivele terapiei

După Beck şi colab (2002) obiectivele TCC constau în:

1. Dezvoltarea unei intervenţii terapeutice pentru a ajuta „clienţii", să identifice, să testeze şi să corecteze distorsiunile cognitive în contextul halucinaţiilor auditive

Lista de probleme ţintesc următoarele procese: *identificare, scop şi semnificaţie.* Un exemplu operaţional ar fi ca clientul să se sa gândească care din halucinaţii se pot atribui exteriorului şi si să se gândească la o explicaţie alternativă vocilor .

2. Focalizarea asupra gândurilor negative.

Deficitele cognitive identificate de autori se asociează cu simptome negative regăsite în depresie la cei cu schizofrenie cronică. Alte simptome negative discutate au fost privind aplatizarea afectivă şi expresia emoţională crescută. Multi din pacienţi cu simptome negative pronunţate evaluează familia, prietenii şi personalul medical drept ca „ameninţătoare" .

3. Restructurarea prin metode raţionale şi prin observarea intensităţii şi conţinutului lor în formele gândirii delirante.

O intervenţie TCC durează 6-9 luni pentru psihoză, timp în care „clienţilor" în care se consolidează alianţa terapeutică. Prescripţiile pentru acasă sunt direcţionate spre evaluarea simptomelor pe o grilă de observaţie şi în vederea stabilarii acordului mutual în principale obiective ale terapiei. Componeta integrată a terapiei constă în informarea terapeuţiilor privind modelul stres-vulnerabilitat, precum şi de circumstanţele stresante ale vieţii pe care aceştia o trăiesc. Şi altă strategie este retractarea emoţiilor, ca şi o componentă integrală a terapiei.

După Beck strategia de normalizare iniţiată de Kingdon si Turkington (1994), constă utilizarea de către terapeut modelul cognitiv-comportamental (A-B-C), centrată pe relaţia dintre gânduri, sentimente şi comportament. Astfel, terapetul poate sublinia credinţele şi asumţiile **despre sine** (de exemplu: *„nu sunt demn (ă) de iubit"*), **despre ceilalţi** (de exemplu: *„persoanele din jurul meu sunt periculoase"*) şi **despre lume** (de exemplu: *„sunt rău voitoare"*). Aceste cogniţii sunt interpretate prin prisma trecutului pacientului şi a dificultăţilor prezente. Aceste formulări sugerează un plan despre harta mintală a fiecărui individ ce poate fi trecută în lista de probleme în terapie. În final, terapeutul va puncta strategiile specifice TCC.

5.1.2 Metode utilizate

După David (2006), principalele metode utilizate în TCC sunt jocul de rol, imagini, testarea şi reîncadrarea convingerilor, măsurarea dovezilor, explicaţii alternative, explicaţii comportamentale, întrebări socratice, trainingul de abilităţi, utilizarea exerciţiilor de relaxare, plan de intervenţie, s.a..

Eficacitatea TCC-ului în comparație cu tratamentele tradiționale pot valorifica motivația, reduce expresivitatea emoțională și optimiza contactele sociale.

După Beck și colab.(2002) o secvență terapeutică ar putea arăta astfel:

1.Aducerea la zi a dispoziției din timpul ședinței trecute

-poate completa pe scurt tonalitatea stărilor afective

-verificarea aderenței la medicament

-aducerea la zi a utilității altor servicii și aprecierea progreselor

2.Realizarea unei puncte de legatură între sesiunile trecute

- sumarizarea sesiunii anterioare și importanța reamintirii a problemei de la care a pornit totul

- identificarea itemilor posibili spre a fi puși la lumină în cadrul ședinței

3.Fixarea listei de probleme

Problema nr. 1: exersarea în continuare a strategiilor cognitive pentru idei delirante

Problema nr. 2: inventarea unui plan experimental comportamental pentru a testa o credință referitoare la auzirea unor „voci"

Problema nr. 3: focalizarea pe strategiile de coping în gestionarea falselor presupoziții

Problema nr 4: rezumarea agendei și planificarea unor sarcini pentru acasă

Problema nr. 5: acordarea clientului a unui feed-back constructiv

Problema nr. 6:stabilirea planurilor de tratament pentru ședința urmatoare (de exemplu: programarea vizitelor la medic, repetarea medicamentelor, ș.a.)

Terapeuţii congnitivişti promovează în terapie folosirea unei *agende structurate* ce include un acord mutual, prioritar şi stabilită în baza unei liste de probleme în şedinţele de asistare. Prescripţiile pentru acasă au menirea de a determina pacientul să se automonitorizeze şi apoi să-şi testeze credinţele sale în mod experimental.

5.2 Ergoterapia

Ergoterapia cuprinde un *ansamblu de tehnici de reeducare funcţională şi de readaptare (Preda, V., 2006)* care au un anumit specific în funcţie de particularităţile individuale a persoanelor, de caracteristicile bolii/deficienţei, precum şi în funcţie de tipul activităţii constructive utilizate.

Reeducarea prin ergoterapie vizează (Wu, 2007; Eklund, 2007):

- ameliorarea funcţiilor deficitare.
- menţinerea unei cât mai bune stări funcţionale, inclusiv prin recomandarea utilizării unei compensări tehnice (proteze, diferite aparate, tehnologie informatică) şi prin ameliorarea mediului de muncă, sub unghi arhitectonic, a ajutoarelor tehnice specifice unor deficienţe, unor invalidităţi.
- readaptarea la viaţa cotidiană.
- reinserţia profesională.
- *readaptare psihosocială.*

5.2.1 Principii fundamentale în domeniul clinic

Principiile fundamentale ale ergoterapiei (Eklund, 2008) desfăşurată în spitale de psihiatrie, dar în instituţiile destinate recuperării/reabilitării persoanelor cu diferite deficienţe, transpuse în fapt încă de la începutul secolului XX, sunt următoarele:

- antrenarea subiectului în activități de grup se face în limita capacităților sale psihofizice;

- în proiectarea și realizarea activităților de ergoterapie trebuie luate în seamă toate componentele personalității subiectului;

- activitatea lucrativă din ergoterapie trebuie menținută la cel mai înalt nivel al capacităților subiectului, pentru utilizarea la maximum a energiei constructive disponibile.

Ameliorarea funcțiilor deficitare se realizează prin educația sau reeducarea motorie, psihomotorie, senzorială și cognitivă, realizate într-un climat stimulativ, stenic. Pentru ameliorarea funcțiilor alterate, ergoterapeutul face apel la mijloace specifice care vizează activitatea desfășurată pentru realizarea unui obiect într-un mediu ambiental adecvat. Cu scopul realizării unor gesturi sau praxii cât mai adecvate, implicate înproducerea unui anumit obiect, se asigură condițiile unei posturi corporale propice. Menținerea unei bune stări funcționale presupune solicitarea funcțiile rămase intacte, prevenindu-se, deasemenea, apariția unor agravări a deficiențelor sau incapacităților. În cazul unor deficite motorii sau psihomotorii se realizează o ergonomizare a spațiului de muncă și a instalațiilor sau uneltelor. Ergoterapeutul trebuie să pună la dispoziția subiectului și mijloacele prin care acesta își poate asigura un repaus muscular și articular.

După Preda (2006) activitățile ergoterapeutice pot fi de două tipuri: *structurate* sau *nestructurate*. *Activitățile ergoterapeutice* structurate se bazează pe înlănțuirea mai multor etape, fiind concrete, precise, cu o notă mică de inventivitate/creativitate. Indiferent de complexitatea lor, de diferitele unelte utilizate, activitățile ergoterapeutice structurate impun subiecților respectarea următoarelor condiții: capacitatea de a urma instucțiunile; capacitatea de a accepta sfaturile terapeutului; concentrarea atenției în timpul realizării secvențelor activității;

coordonare motorie; organizarea activității; existența unui anumit grad de inițiativă. În categoria activităților structurate se înscriu cele din atelierele de tâmplărie, din atelierele de croitorie, din atelierele de pielărie, activitățile de artizanat etc.

Activitățile ergoterapeutice nestructurate cuprind acele activități care solicită mai multă inventivitate /creativitate din partea subiecților. Printre aceste activități se înscrie, de exemplu, modelarea argilei în atelierele de ceramică și/sau pictarea produselor de ceramică, scupltură, colajul, asamblajele, confecționarea de măști, realizarea unor produse vizual-plastice în relief etc.

Ergoterapeutul lucrează într-o echipă interdisciplinară, bazându-se în demersurile sale și pe prescripțiile medicale, psihologice și psihopedagogice.

Ipotezele postulate de Wu (2007) si Eklund (2007) referitor la relația dintre calitatea vietii subiective a fost direct influențată de funcționarea mentală „suportul social și informațional, dar și de satisfacția față de locul de muncă.

Sumarizând, practicile terapiilor ocupaționale sunt direcționate pentru reinserția socio-profesională a persoanelor cu schizofrenie, sporind bunăstarea lor psihologică și interacțiunea lor cu comunitatea.

5.3 Art-terapia vizual-plastică

După Preda (2005), art-terapia se dorește a fi "psihoterapie prin mediere artistică". Dintre termenii utilizați ca fiind echivalenți cu aceasta, amintim: *psihoterapie artistică, terapie de expresie, psihoterapie de creativitate.* Art-terapia este o modalitate psihoterapeutică mediată prin producții vizual-plastice (picturale, grafice, de modelaj, sculptură, măști, colaje etc.) și prin alte moduri de expresie artistică (muzică, poezie, teatru, dans, expresii corporale). Wiart (1983) preferă să considere practica art-terapiei ca *"o formă de psihoterapie cu expresii plastice"*, încercând, printre altele, să o diferențieze de ergoterapie și de terapia ocupațională. Autorul subliniază faptul că în art-terapie se utilizează un produs singular, conceput liber și personalizat, inducându-se, adesea, și o verbalizare secundară. Pentru Wiart, psihoterapia cu expresii plastice permite o exprimare imediată a unor trebuințe sau dorințe ale subiectului, făcând să intre în joc operații mintale proprii inconștientului.

Funcțiile și rolul art-terapeutului se centrează pe:

- îmbinarea artei și terapiei într-un scop terapeutic;
- funcția art-terapeutului nu se limitează la rolul de psihoterapeut în sens strict, ci el vizează un rol social mai larg;
- ca orice terapeut veritabil, art-terapeutul trebuie să fie deschis spre altul, spe înțelegerea și acceptarea celuilalt, în sensul definit de Rogers (1974, p. 20), care declara că terapeutul trebuie să se întrebe: "Pot eu să-i permit altuia să aibă un sentiment ostil față de mine? Pot eu să accept furia ca o parte legitimă și adevărată a celuilalt? Pot eu să accept atunci că opiniile sale despre viață și toate problemele sale sunt atât de diferite de ale mele?";
- deschiderea spre altul îi dă posibilitate art-terapeutului să își îndeplinească funcția de mediere și de comunicare multidisciplinară, ceea ce conduce la o *terapie intermodală*;
- înțelegerea relației client/terapeut ajută la descoperirea celei mai adecvate modalități pentru a rezolva problemele pacienților. Pentru aceasta este necesară o pluridisciplinaritate artistică în cadrul unei echipe realmente integrată, cu scopul de a reuși să însoțească pacientul/clientul în *lumea expresiei* care îi convine cele mai mult.

În art-terapia vizual-plastică se pune în valoare *forţa expresivă* şi *efectul relaţional* al produsului de nuanţă artistică. În activitatea sa, *art-terapeutul se bazează pe*: contemplarea de către subiect a operei prin explorare vizuală sau tactil-kinestezică (în cazul nevăzătorilor), fiind însoţită, adesea, şi de audiţii muzicale. Aici intervine atenţia intelectivă, reprezentările, imaginaţia şi trăirile afective;interesul pentru descifrarea mesajelor, care uneori sunt criptice, necesitând interpretarea unor simboluri, a unor metafore; emoţiile şi sentimentele estetice trăite de subiect, în interacţiune cu cele cognitive şi cu cele morale;asociaţiile ideative ale subiectului. Numeroşi pacienţi descoperă că angajarea lor în terapii artistice le dă o şansă de a-şi exprima, într-o ambianţa securizantă, emoţii şi sentimente care uneori sunt inacceptabile sau dificil de recunoscut; ei arată că este mai uşor de comunicat cu un terapeut prin intermediul unei forme artistice, care este un produs personal deschis discutării şi autoevaluării.

După cum susţine Forestier (Preda, 2005), contactul subiectului cu un produs de nuanţă artistică se poate analiza sub unghiul a două tipuri de relaţii: de la exterior spre interior în cazul contemplării, şi din interior spre exterior, în cazul activităţii de producere a unei opere de nuanţă artistică. Impresia artistică, legată de contemplarea "operei" de artă, provoacă o reacţie expresivă, iar producerea "operei" de artă vizual-plastică pune în lucru o activitate expresivă.

5.4 Tratamentul cu terapia electroconvulsivantă

TEC este una din metodele cele mai controversate, atât în psihiatrie, cât şi în mass-media. Acest lucru se datorează utilizării în mod abuziv, atunci când nu era cazul, iar pe de altă parte pentru că era necesar să se facă o cercetare cât mai fidelă. Mai multe studii au demonstrat ca TEC este mai eficientă decât medicamentele antidepresive și metoda placebo în tratamentul depresiei.

Dupa Tudose (2002), indicațiile clinice ale terapiei TEC constau in :

- scăderea severă în greutate;
-perturbările a stărilor de somn și veghe;
- lentoare psihomotorie;
- tulburările psihotice sunt însoțite de idei delirante.

5.4.1 Administarea terapiei

Terapia electroconvulsivantă (TEC) a fost o metodă introdusă în anul 1937 de către Cerletii și Bini (Jeican, 1998) și a fost utilizată cu precădere între anii 1950 și 1960.

Electroșocul necesită în prealabil cunoașterea somatică și a antecedentelor personale, după care pacientului i se poate adminsitra un anestezic general. Tratamentul este în mod obisnuit administrat dimineața devreme, înainte de micul dejun. Atropina este administrată subcutanat ca premedicație pentru a usca secrețiile salivare și bronhice și pentru prevenirea bradicardiei externe. Se administrează pacientului un anestezic împreuna cu un relaxant muscular pentru a modifică criza, fiind însoțită de ventilația plămânilor cu oxigen cu rol de a reduce anestezia ulterioară.

Cercetătorii au încercat să elucideze mecanismele prin care TEC realizează ameliorarea simptomelor. Cel mai probabil este vorba de modificări fiziologice și biochimice și fiziologice care se produc în creier.

După Squise și Zouzounis (1986) există două tipuri de stimulări: prin unde sinusoidale și prin pulsație scurtă. Aceste modificări au fost studiate pe animale, observându-se modificări la nivelul neurotransmițătorilor. S-au observat similtitudini ale acestor modificări cu cele după administrarea unor medicamente (Kellar și Stockmeier, 1986).

Jeican (1994) dinstinge patru efecte nedorite la TEC:
- tulburări de memorie
- tulburări ale tractusului gastro-intestinali
- leziuni ale limbii, buzelor sau a dinţilor (dacă nu este făcut în mod corespunzător)
- afectează învăţarea non-verbală

Şedinţele de TEC (Fink, 1981; Kalinowsky, 1975) impun prezenţa unui medic de gardă care fie va fi informat la faţa locului despre proceduri, fie se va informa în prealabil despre acest tratament. Tratamentul se aplică într-o cameră izolată de celelalte, unde trebuie să fie pregătite echipamente în caz de urgenţă.

Pacientul trebuie să-şi dea acordul pentru utilizarea TEC şi înainte de începerea propriu-zisă trebuie să-şi facă radiografie pulmonară, EKG şi analize de sânge. Pielea în zona de aplicare a electrozilor va fi degresată, electrozii umeziţi şi aplicaţi. În cazul TEC unilaterale, un electrod va fi plasat pe partea emisferei non-dominante la 4 cm deasupra punctului mediu de pe linia ce uneşte unghiul extern al orbitei şi meatul auditiv extern. Al doilea va fi plasat la 10 cm distanţă de primul, deasupra meatului de aceeaşi parte vertical.

Într-un studiu din 2003, cercetătorii au annalizat experienţele pacienţilor în urma TEC. Aceştia au observat că metoda a avut succes în proporţie de 30 la 80 % din cazuri. Totodată s-a observat că ar trebui utilizată TEC bilaterală care pare a funcţiona mult mai rapid şi este utilizată mai mult în Maria Britanie. Cura se întinge pe durata a 6 - 12 şedinţe, numărul depinzând de ameliorarea bolnavului. Deobicei ameliorarea este modestă, după 2 sau 3 şedinţe, dar devine evidentă după a treia sau a patra (Jeican, 1999, p. 115). În privinţa frecvenţei sedinţelor de TEC, ea este în general de două sau de trei ori pe săptămână.

În Anglia, TEC poate fi administrat doar sub aprobarea Legii Sănătăţii Mentale în cazul în care pacientul nu-şi poate da singur acceptul datorită stării severe a bolii şi constă în acordul inteevaluator din două instituţii diferite.

CAPITOLUL VI. TRATAMENTUL FARMACOLOGIC ÎN SCHIZOFRENIE

Prima jumătate a secolului al XX-lea a avut o importanţă deosebită, deoarece a condus la descoperirea unor medicamente antipsihotice (neurolepticele), iar practicile tradişionale de tratamente violente ca duşurile reci, injectări cu insulină, cămaşi de forţă şi TEC considerându-se că aparţin domeniul trecutului. După cum am arătat într-un subcapitol anterior, TEC este folosit într-o mică măsură. Acestea au fost înlocuite de neuroleptice (NL) recunoscute cu efecte în tratamentul adulţilor şi sunt recunoscuta având următoarele efecte benefice (*National Instituite for Healh and Care Excelence*, 2002):

- *diminuarea efectelor psihozei* (antihalucinatorii, antidelirante)- NL incisive
- *antisedative,* în caz de agitaţie psihomotorie şi anxietate psihotică –NL sedative)
- *dinamizante*- NL bimodale
- *ameliorarea funcţiilor cognitive* NL atipice

De aceea, antipsihoticele sunt principalele modalităţi de sprijin în tratarea schizofreniei , iar cunoştinţele din domeniul chimiei si farmacologiei acestor medicamente a condus la intelegerea bazelor neurochimice ale schizofreniei.

Managementul schizofreniei cuprinde un pachet cuprinzător de intervenţii care se adresează nevoilor clinice, emoţionale şi sociale ale individului. Centrele de management farmacologic al medicamentelor antipsihotice acoperă doar 5 % din costurile totale de îngrijire a persoanelor.

6.1 Principii ale administrării de medicaţiei după ghidulNICE

Conform Ghidului NICE (2002) în tratarea schizofreniei, realizat de către *Institul Naţional de Sănătate şi Îngrijire Clinică* din Londra, principiile de tratament sunt urmatoarele:

1. Alegerea unui medicament antipsihotic trebuie făcut în colaborarea medicului cu pacientul în cadrul unei discuţii informale despre efectele relativ benefice ale medicamentelor şi profilul efectelor secundare ale acesteia. Se consultă şi familia.

2. Luarea în considerare a antipsihoticelor orale atipice, ca şi: *olanzapina, amisulprid, quetiapina, risperidona şi zotepin,* considerate ca principalele medicamente pentru indivizii diagnosticaţi în etapa de debut.

3. Antipsihoticele orale atipice listate in tabelul 6. ar trebui considerate opţiuni de tratament pentru indivizii cărora se administrează medicaţia curentă şi cea tipică chiar dacă au un control adecvat al simptomului, precum şi cei cu efecte secundare, cu recăderi şi care au experimentat efecte secundare nesatisfacătoare prin intermediul medicamentelor antipsihotice tipice.

4. Nu este recomandatat ca în rutina practicii clinice, să se schimbe medicamentele antipsihotice orale administratate anterior indivizilor şi care manifestă un control regulat în ciuda efectelor secundare al medicamentelor antispsihotice tipice.

5. La indivizii care menifestă o evidentă rezistenţă la tratament trebuie administrată clonzapină cu prima ocazie. Rezistenţa la tratament se referă la o îmbunătaţire clinică nesatisfacatoare, în ciuda dozelor recomandate pe durata a 6-8 saptămâni de la administrarea a cel putin două medicamente antispihotice, din care una ar trebui să fie atipică.

6. Evaluarea unui posibil risc al condiţiei individului de către medicul primar responsabil de tratament şi de către echipa multidisciplinară privind complianţa la tratament.

7. Medicamentul prescris de psihiatru trebuie să aibă preţul cel mai scăzut de pe piaţă, ţinându-se cont de doza zilnică recomandată şi pretul produsului per doză.

8. Atunci când medicul primar nu reuşeşte să poarte o discuţie amiabilă cu pacientul, se recomandă prescripţia de medicamentele antipsihotice atipice considerate ca opţiuni de tratament. Potrivit acestor circumstanţe familia persoanei trebuie consultată.

9. Terapia antipsihoticelor trebuie iniţiate însoţite de un pachet de îngrijire care să se adreseze nevoilor clinice, emoţionale şi sociale ale individului. Psihiatrul responsabil de tratament şi personalul tratament trebuie să monitorizeze continuu procesul terapeutic.

10. Medicamentele atipice şi tipice nu trebuie prescrise simultan cu excepţia unor perioade scurte de acoperire în schimbarea tratamentului.

6.2 Clasificarea principalelor tipuri de medicamente antipsihotice

NL sunt substanţe cu structura chimică diferită, având ca efect principal acţiunea antipsihotică. În momentul actual, psihofarmacologia recunoaşte doua clase de substanţe antipsihotice (Tudose, F, Tudose C şi L. Dobrănici, 2002):

• antipsihotice din prima generaţie - "neurolepticele clasice"

• antipsihotice atipice – agenţi antipsihotici din a doua generarie.

Grupa medicamentelor denumite „atipice" formează categoria antipsihoticelor noi cunoscute ca având efecte considerabile la nivelul neurotransmiţătorilor dopaminergici considerat implicat în reglementarea sistemelor din creier. Potrivit studiilor, antipsihoticele acţionează în blocajul receptorului D2. Antipsihoticele pot acţiona şi asupra receptorilor serotonergici, alfa-andrenergici şi colinergici.

Relevanţa clasificarii medicamentelor antipsihotice în conformitate cu categoria chimică este observată la momentul schimbării antipsihoticelor. Pacienţii care nu răspund primei categorii chimice trebuie să li se administreze medicamente din a doua categorie categorie, deoarece unele dintre acestea pot împărtăşi proprietăţi farmacologice similare.

Vom trece în următorul tabel (6. VI) principalele categorii de medicamente antipsihotice-tipice conform raportului preluat din Atlasul Schizofreniei (Stefan şi colab., 2002). Cea de-a doua categorie de medicamente antipsihotice tipice (noi) sunt preluate din Ghidul Nice (2002) şi revizuit în anul 2005 de către membrii Institutului Naţional de Excelenta şi Îngrijire Clinică din Londra

Tabelul 6. VI. Clasificarea principalelor tipuri de NL

Tipul de neuroleptic	Categorie	Exemplificare	Efecte
Antipsihotice tipice	Fenotiazin Butirofenon Tioxanten Difenibuti piperidin	clorpromazin, tioridazin, trifluperazin,hal operidol, droperidol, flupentixol, zuclopentixol	-reducerea tulburărilor psihotice, simptomele pozitive; -producerea sindromului extrapiramidal a unor manifestari neurovegetative ; -crearea "stării de indiferență psihomotorie" -diminuarea excitației și agitației motorii.

Antipsihotice *atipice*	dibenzodia zepin benzixasol amisulprid e thienobenz odiazepin dibenzothi azolipipera zine	primizid fluspiralina clozapina risperdal Solian Olanzapina Quetiapina Serdolect Ziprasidon	-efect antipsihotic asupra simptomatolo-giei pozitive şi negative -foarte rar fenomene extrapiramidale sau diskinezii tardive -efect cataleptigen puţin exprimat

6.3 Considerații privind efectele secundare ale medicamentelor antipsihotice

După Dehelean (2003) și Tudose (2002) vom analiza efectele secundare majore în tratamentul persoanelor:

- Etiopatogenia tulburărilor psihice este parția lămurită, deci tratamentul cu medicamente psihotrope, se rezumându-ne doar la simptome determinând la cazurile respondente o remisiune ad integrum sau parțială, pe baza premisei că recurențele sunt mereu posibile chiar și sub un tratament urmat cu conștiinciozitate. Diagnosticul diferențial al tulburării psihice față de o altă tulburare organică este importantă pentru a nu trata doar simptomele psihice, ci și cele organice rezultate în urma simptomelor.

- Neurolepticele și antidepresivele nu crează dependență biologică. Întreruperea tratamentului neuroleptic sau antidepresiv se poate însoți de recăderi sau recurențe. Majoritatea anxioliticelor și hipnoticelor pot da dependență biologică daca sunt administrate în doze mari pe un timp îndelungat.

- Efectele secundare și interacțiunile medicamentoase sunt multiple. Acestea pot include efecte secundare extrapiramidale (ca în parkinson), tulburări neruro-vegetative (ochi încețosați, creșterea presiunii intraoculare, gura uscată, constipație și retenție urinară), creșterea nivelelor de prolactină, sedare, câștig în greutate. Problemele cardiace ridică semne de îngrijorare, deoarece antipsihoticele severe cresc bătăile inimii, de aceea este importantă monitorizarea efectelor medicației prin EKG.

- Datorită efectelor secundare medicația psihotropă se va administra îndoze progresiv crescânde, se va menține o anumită perioadă doză eficientă datorită riscului de recurenţă, ca mai apoi să se ajungă la reducerea dozelor treptat pentru a preveni reacţia de sevraj sau de rebound dopaminergic sau serotoninergic.

- Alte efecte sunt cele cognitive, de sedare, confuzie, dificultăţi de concentrare a atenţiei, dezorientare, tulburări de memorie.
- Efecte endocrinologice: mărirea sânilor, amenoree, creşterea apetitului, creşterea în greutate, hiperglicemie.

Tratamentul cu psihotrope se poate face în spital sau în ambulator în conjuncţie cu psihoterapia şi socioterapia. Indivizii cu schizofrenie se plâng de efectele medicamentelor asupra dinamicii sexuale, mai ales la bărbaţi, efectul de sedare care atrage dupa sine oboseală şi refuzul unor activităţi care necesită efort crescut. Iar despre câştigul în greutate se cunosc efectele negative asupra stimei de sine la femei.

Realizând o sinteză privind terapia somatică, subliniez următoarele aspecte :

- Neurolepticele sunt considerate trantamente principale în schizofrenie;
- Efectele lor sunt mai degrabă antipsihotice decat antischizofrenice;
- Majoritatea pacientilor ar trebui să primească cea mai mică doza posibilă;
- Eficacitatea dozei este tipic stabilite empiric;
- Majoritatea pacienţilor beneficiează de medicaţie pe o perioadă îndelungată de timp.

CAPITOLUL VII –METODOLOGIA CERCETĂRII CALITATIVE ŞI CANTITATIVE

Pacienţii schizofreni prezintă deficite în mai multe domenii sociale şi personale ale vieţii. Scopul serviciilor de psihiatrie comunitară constă în creşterea calităţii vieţii pacienţilor . Conform definiţiei lui Lehman, calitatea vieţii este o stare subiectivă de bine care depinde de condiţiile obiective de viaţă ale persoanei, caracteristicile persoanei şi de experienţa subiectivă. Calitatea vieţii poate fi evaluată prin chestionare de autoevaluare. Pe lângă acestă evaluare subiectivă este importantă evaluarea nevoilor pacientului şi modul în care proiectarea unor interveţii terapeutice ţintite să vizeze îmbunătăţirea calităţii vieţii pacienţilor. Evaluarea calităţii vieţii ajută la identificarea domeniilor vieţii în care pacientul are probleme, ajutând pe cel din urmă să depăşească aceste probleme, acesta simţindu-se mai sănătos, solicitând mai puţin serviciile ambulatorii.

7.1. Obiectivele cercetării

Cercetarea de faţă îşi propune următoarele obiective:
- Evaluarea modului în care un grup de pacienţi schizofreni îşi caracterizează calitatea vieţii
- Identificarea principalilor predictori ai calităţii vieţii percepute la nivel subiectiv;
- Studierea relaţiei dintre caracteristicile demografice şi simptomatologice ale pacienţilor şi evaluarea subiectivă a calităţii vieţii.

7.2 Ipoteze de lucru

- Există o relație între evaluarea subiectivă a calității vieții și evaluarea obiectivă (numărul de nevoi). Cu cât pacienții au mai multe nevoi satisfăcute și nesatisfăcute cu atât calitatea vieții este mai scăzută
- Pacienții care lucrează vor avea o calitate mai bună a vieții decât cei care prezintă constrângeri ocupaționale și preocupări legate de viitor
- Persoanele care beneficiează de suport social au mai multe nevoi satisfăcute și nesatisfăcute
- Prezența simptomelor generale sunt corelate negativ cu calitatea vieții

7.3. Metodologia lucrării

Studiul s-a desfășurat în perioada 2008-2009, iar ca metode a utilizate în cercetare au fost: anamneza, metoda observației, abordarea fenomenologică, studiu de caz, metoda biografică, istorii de viață, analiza conversațională, analiză de discurs, strategii de intervievare și chestionarul. Cercetarea a folosit ca punct de splecare teoria generată (Grounded theory approach) după Glaser și Strauss (1967).

7.3.1 Subiecții

În Studiul 1 am inclus un eșantion de 61 de participanți cu diagnosticul de Schizofrenie conform criteriilor diagnostice DSM-IV-TR și ICD-10 (figura 7. VII); în studiul 2 un număr insemnificativ de pacienți diagnosticați cu diagnosticul de schizofrenie paranoidă.

Tabelul 8. II. Caracteristici socio-demografice ale subiecților

TABELUL 7. VII		
DESCRIEREA EȘANTIONULUI (N= 61)		
CARACTERISTICI DEMOGRAFICE	Nr.	%
Vârsta subiecților		
17 la 25	9	10.9
30 la 38	22	32.2
39 la 46	11	11.4
50 la 59	18	6.5
60 la 65		
Genul		
Feminin	41	48.2
Masculin	20	12.8
Status marital		
Singur (ă)	49	56.1
Căsătorit (ă)	9	3.8
Separați/ divorțați	3	1.1
Statutul profesional		
Da	46	51.3
Nu	15	9.7
Nivelul educațional		
secundar inferior	36	33.4
secundar superior sau peste 12 clase	25	27.6

Criteriile de includere a primului eșantion au constat în:
- Vârsta subiecților
- Genul
- Statutul marital
- Statutul profesional
- Nivelul educațional

Tabelul 8. VII. Caracteristici socio-demografice ale
participanţilor la Studiul 2

Nr. de pacienţi	1	1
Vârsta	45 de ani	45 de ani
Data naşterii	22.05.1968	05.06.1968
Genul	Masculin	Femini
Durata bolii	23 de ani	20 de ani
Diagnostic	schizofrenie paranoidă 1994	schizofrenie paramoidă 1994
	necăsătărit	divorţată
Statut marital		
Condiţii de locuit	apartament cu 2 camere	apartament cu 3 camere
Dependinţe	casa părintească alături de sora lui	casa părintească, alături de mama şi fiica ei
Educaţia	Profesionale	10 clase

Criteriile de includere la cel de-al doilea studiu au fost:

- Vârsta
- Data naşterii
- Genul
- Durata bolii
- Diagnosticul
- Statutul marital
- Condiţii de locuit
- Dependinţe
- Nivelul educaţional

7.3.2. Proceduri şi instrumente utilizate

Studiul 1 a constat în identificarea acelor domenii ale calităţii vieţii raportate subiectiv de către individ prin intermediul Chestionarului de evaluare a calităţii vieţii persoanelor cu schizofrenie (anexa 1) concept de noi. Chestionarul cuprinde 22 de itemi şi evaluează calitatea vieţii persoanelor cu boli mintale cronice pe următoarele domenii:

- Domeniul ambiental-resure financiare şi recunoaştere socială
- Domeniul fizic- agitaţie psihomotorie, obolseală

- Domeniul psihologic-gânduri depresive

Itemii chestionarului se bazează pe o scală Likert și atribuie la un scor de la 1 la 7, scorul cel mare indicând o calitatea vieții mai bună.

În ceea ce privește procedură amintim faptul că toți pacienții din primul studiu au completat chestionarul pe o durată de 14 la 180 de minute. S-a observat că timpul estimat pentru completarea chestionarului a fost cuprins între 35-45 minute. Pentru fiecare domeniu în parte s-a calculat cosistența internă prin coeficientul Cronbach.

Dacă primul studiu s-a centrat pe identificarea a domeniilor obiective ale calității vieții experiențiate la nivel subiectiv, prin autoevaluarea propria a pacienților, cel de-al doilea studiu s-a adresat exclusiv pe narativele pacienților. Procedura pe care am utilizat-o a constat în înregistrarea interviurilor semistructurate cu pacienții, pentru a coda temele exprimate de pacienți privind domeniile calității vieții. Interviurile s-au desfășurat pe o perioadă de 60-90 de minute. Un alt aspect esențial a fost că, acest studiu a permis cercetătorului întocmirea unui jurnal de reflexie ce a permis explorarea conceptelor și de a le pune în conexiune cu teoriile, permițând generarea unei teorii formale. Mai mult, codarea a permis angajarea cercetătorului în insight-ul bolii, permițând întocmirea studiilor de caz, în urma documentărilor efectuate.

Interviul semistructurat (anexa 2) conține mai multe întrebări cu scopul de a furniza o direcție minimă de discuție care permite, atât cercetătorului cât și participanților să abordeze domeniile cheie pentru cercetare. Itemii au fost structurați pe mai multe dimensiuni referitor la principalele probleme cu care s-ar putea confrunta cei doi adulți diagnosticați cu schizofrenie paranoidă. Domeniile la care se adresează sunt:

a) **Date personale** –elementele ce au compus acest sector au furnizat informaţii referitoare la data naşterii subiectului,anul şi tipul diagnosticului, rolul religiei, profesia şi date generale despre boala subiectului.

b) **Starea prezentă a subiectului**- întrebările au inclus date referitoare despre simptomatologia actuală,tipuri de medicamente administrate şi programe de reabilitare la care participă subiectul.Iar în doua parte s-a încercat a se introduce întrebări care să scoată in evidenţă modul cum percepe si simte subiectul impactul bolii (exemple din viaţa cotidiană).

c) **Sondarea personalităţii**- întrebărireflexive cu privire la modul cum se percepe subiectul în condiţiile de boală,modul cum se percepea subiectul anterior bolii cu trimitere spre diverse domenii;modul cum este perceptut acum de către familie,prieteni,etc şi modul cum era perceput anterior contractării bolii.

d) **Dinamica şi strutura personalităţii**- aşteptările subiectului faţă de viitorul apropiat şi

e) factorii corelaţi realizării dorinţelor.

f) **Determinanţii sociali ai situaţiilor curente de viaţă**- întrebările au servit la furnizarea unor informaţii despre relaţia subiectului cu familia,prietenii şi personalul medical.

g) **Stresori majori şi potenţiale de coping**- întrebările s-au adrasat în vederea stabilirii pricipalelor evenimente care de viaţă stresante şi modul cum subiectul se raportează la ele.

În funcţie de informaţiile colectate de la pacienţi am încercat să adaptăm modelul lui S. J. Korchin (1981) în analiza simptomatologiei subiecţilor. Anumiţi itemi din studiu de caz după Korchin (anexa 3) au fost scoşi, considerând că completarea lor necesită cunoștințe aprofundate în domeniul științelor medicale.

Studiul de caz numărul 1:

I. DATE PERSONALE

Nume si prenume : R.I.

Vârsta: 46 de ani

Naționalitate: maghiară

Studii: 10 clase și 2 profesionale

Profesia: confecționară

Ocupație: pensionară

Stare civilă : divorțată

Copii: 1copil

Familia de origine: Tatăl era de meserie merciolog (aprovizionar), iar mama gestionară. Tatăl a decedat în anul 1989.

Condiții de locuit: 1 apartament cu 3 camere (în care locuiește cu fiica și mama ei) și o gospodărie.

Starea financiară: nesatisfăcătoare

Diagnostic: Schizofrenie paranoidă

Diagnosticul schizofreniei: din anul 1992

I.DINAMICA ÎN TIMP A BOLII

a. Istoric medical:

Primele simptome raportate de subiect au aparut în timp ce R.I. era insărcinată în jurul primelor două trimestre de sarcina, în primăvara anului 1986. A început să se simtă din ce în ce slăbită, urmată de o scădere a apetitului, stări de neliniște și agitație psihomotorie însoțite de pertubări ale somnului. Astfel a fost necesar un examen psihiatric al pacientei începând cu al treilea trimestru de sarcină. Tratamentul urmat a constat în picături haloperidol. După naștere a devinit din ce în ce mai agitată, susținând că *„copilul îi ia somnul"*.

R.I. a fost internată pentru prima dată în anul 1988 prezentând urmatoarele simptome: neliniște, o stare de agitație psihomotorie, semnalând că aude o voce care îi spunându-i „nu sta", „grăbește-te" urmat de dificultăți de adormire. Pacienta a fost diagnosticată conform DSM-III-R cu *psihoză schizoafectivă cu elemente hipomaniacale și interpretative.* Din foaia de iesire reiese că în timpul internarii a urmat un tratament compus din: Haloperidol, Romparkin, Acid Folic, Tioridazin și Psihoterapie individuală (nu s-a specificat care anume). Medicul psihiatru i-a recomandat evitarea stresului și traumelor psihice. După câteva luni de la internare, pacienta a fost din nou internată la secția de psihiatrie femei, semnalând halucinații vizuale, anxietate și neliniște. Diagnosticul din biletul de ieșire indică pe cel de *"sindrom discordant.*

În perioada anilor 1990-1991 a avut multiple internări ce indică instalarea insidioasă a bolii cu diagnosticul de sidrom discorndant. Între timp capacitățile de muncă se reduc semnificativ și R.I. necesită o serie de concedii medicale, odată la 3-4 luni. Începând cu anul 1994, pacienta este diagnosticată cu *schizofrenie paranoidă* conform noii ediții DSM-IV (APA, 1994) de la acea vreme. În urma acestui diagnostic, comisia de expertiză medicală a încadrat-o pe fondul unui *diagnostic funcțional de deficiență psihică accentuată de gradul II*. Prin aceasta se înțelege o pierdere parțială a capacităților de muncă. Datorită internărilor repetate, comisia decide acordarea unei pensie pe caz de boală, menționând pierderea capacității de muncă *în cea mai mare parte*. Tot în anul 1992, a avut loc divorțul dintre R.I. și soțul ei. Procesul a fost intentat de soț, deoarece între ei existau o serie de conflicte .

În perioada anilor 1993-1996, R. I. nu a fost internată fiind sub observația mamei. În anul 1997, decedează tatăl pacientei, perioadă care conincide cu o foaie de ieșire de la secția de psihiatrie cronici din acea perioadă. Tratamentul administrat a constat în TEC. Conform foii de observație, pacienta se internează de urgență prezentând simptome schizofreniei paranoide, urmând un tratament cu "neuroleptice incisive, bazale și antiparkinsoniene".

În anul 2001 este din nou internată la secția de psihiatrie. Din examenul psihologic, rezidă că pacienta manifestă *"o frică existențiala, suspiciune, conflicte intime, detașare de realitate, neliniște interioară și numeroase tendințe paranoide"*.

În anul 2008 este din nou internată cu diagnosticul de schizofrenie paranoidă cronicizată. Conform foii de observație realizat de către medicul specialist principal, pacienta s-a prezentat cu *simptomatologia unei schizofrenii reziduale*, manifestate prin : "o scădere a capacității de prelucrare selectivă a informației relevante (hiperprosexie) spontană și voluntartară, cu o capacitate mult scazută de concentrare, halucinații auditive, inversiune afectivă, idei paranoide de persecuție, otrăvire, disociație, slăbirea afectului, pasivitate cu lipsa de perspicacitate și a initiativă de comunicare nonverbală slabă și performanța socială săracă". Tratamentul urmat a constat în neuroleptice atipice și sedative, timostabilizatoare, și anume: solian, romparkin, carbomazepina și levomepromazin.

Recent, în urma discuţiei cu medicul, starea pacientei este ameliorată, dar necesită o atenţie mai specială îndeosebi să fie urmarită dacă îşi ia constant medicamentele.

b. Momentul aflării diagnosticului

1.Simptome fizice şi psihice

În urma interviului semistructurat, la momentul instalării floride a bolii, R.I. semnala stări de oboseală, senzaţie de nelinişte, dureri de cap şi dificultăţi de adomire. Pacienta fiind întrebată dacă a sesizat ceva schimbări, spune: „*Am simţit...parcă a dispărut sănătatea din mine. Nu puteam să dorm şi mi se părea totul ireal, şi auzeam pe cineva spunându-mi <culcă-te!>, da zilnic, în fiecare noapte. Nu aveam poftă de mâncare şi aveam greţuri.*"

2.Reacţii psihologice

Întrebată fiind că ce a simţit în momentul când a aflat diagnoticul, a răspuns că totul i s-a părut o înţelegere dintre doamna doctor şi mama ei, motivând că au ales diagnosticul de schizofrenie, întrucât era necesar să puna o boala mai gravă ca să fie pensionată, pentru că anterior avea alt diagnostic, de care nu-şi mai amintea. Pacienta descrie acest eveniment ca fiind o înscenare.

II.STAREA PSIHOLOGICĂ A SUBIECTULUI

În urma interviului semistructurat rezica că R.I considră că boala i-a afectat în mare parte viaţa deoarece înainte se simţea o persoană cu „chef de viaţă", spunând că: *„râdeam ,nu aveam gânduri rele. Eram optimistă și prietenoasă.*

Întrebată fiind dacă cunoaște implicaţiile bolii, subiectul a răspuns asa: *„mă tem să nu mor", „să nu-mi afecteze inima"* și ca a auzit pe paciente vorbind (la ultima internare în spital) despre o așa-zisă: *„boală domnească"* de care ar putea suferi.

R.I. nu deţine informaţii despre implicaţiile bolii de care suferă. Pentru a confirma această ipoteza i s-au cerut explicaţii privind simptomele cu care se asociază boala, observând că o asociază cu tulburări ale somnului: „nu mai am acel somn sănătos ca înainte." Controlul asupra bolii este scăzut. Pacienta este conştientă că trebuie să-şi ia tratamentul, însă putem preconiza că face acest lucru doar ca să poată dormi, nu să-şi controleze simptomele. Această ipoteze este confirmată şi în urma discuţiilor anterioare din sesiunile de interviu pentru că spunea: *„mă gândeam că îmi trece", „nu am putut să o controlez", „tot am aşteptat".*

III.RELATIILE INTERPERSOANALE

SEMNIFICATIVE SI SUPORT SOCIAL

R.I. locuieşte cu mama şi cu fiica ei, într-un apartament. Mama ei are 77 de ani, văduvă şi un diagnostic de gonatroză bilaterală avansată din anul 1992. Are probleme cardiace şi cu toate astea se îngrijeşte de pacientă, o urmăreşte dacă îşi ia tratamentul şi îi face de mâncare. Fiica se află la facultatate în alt judeţ, dar şi se implică în sarcinile casei în funcţie de posibilităţi. Fostul soţ sprijină pacienta, ori de câte ori are ocazia.

Din discuţiile cu mama pacientei, reiese că între cele două există o relaţie bazată pe încredere. R.I. cere mereu sfatul mamei şi se consultă impreună în toate. Mama susţine că atunci când fiica ei, nu manifestă interes faţă de aceste domenii, atunci ştie că urmează o perioadă de decompensare a bolii. Dânsă mereu urmăreşte starea ei de sănătate şi asta se întâmplă spunând că uneori adoarme în acelaşi ritm cu ea pentru a o urmari dacă şi-a luat medicamentele. Iar uneori se iscă discuţii atunci când R.I. se opune şi nu vrea să-şi ia medicamentele.

R. I. susţine că nu are prieteni, relaţiile cu prietenele ei din copilarie s-au răcit. Mama susţine că e frică de oameni şi că prezintă sentimente de insecuritate. În ansamblu se declară mulţumită de ajutorul oferit de către medicul psihiatru, manifestând interes şi predispoziţie pentru a empatiza cu pacienta.

IV.DINAMICA ŞI STRUCTURA PERSONALITĂŢII

R. I. afirmă că îi face plăcere să îşi petreacă timpul cu fiica ei la cumpărături sau plimbări în parc. Însă işi face griji în ceea ce priveşte viitorul .Este conştientă că mama va deceda cândva lucru la care se gândeşte în fiecarezi. Şi îi este frică să nu ajungă la spital.

V. STRESORI MAJORI ŞI POTENŢIALE DE COPING:

Sunt anumite aspecte din viaţa ei prezentă care le consideră cele mai solicitante,si anume: a) *solicitările pe care le impune boala* psihică în vederea gestionării simptomatologiei manifeste prin recurgerea la tratament medicamentos, astfel subiectul se simte obosită și uneori adoarme mai greu; b) *solicitările pe care le impune rolul de mamă și fiica* care cer si ele suport emoțional din partea ei; c) *inabilitatea de a-și îndeplinii rolul profesional* ("mi-e ciudă că nu lucrez să mă pot mândrii lumii că am un serviciu....în ziua de azi să ai un serviciu este un lucru mare !")

Un alt aspect important de menționat este că pacienta se declară nemulțumită de venitul provenit din pensia de boală și ajutorul social..

VI .CONCLUZII ȘI RECOMANDARI:

În urma analizei principalelor probleme de tip psihologic cu care se confruntă pacienta considerăm necesar aplicarea unui plan de intervenție psihologică, punctând urmatoarele obiective:

Obiectivul nr. 1: psihoeducația despre boală

Obiectivul nr. 2: ameliorarea anxietății

Obiectivul nr.3: reducarea depresiei

Obiectivul nr.4: scăderea numărului predicțiilor negative față de relațiile sociale

Obiectivul nr. 5: servicii de suport locative

7.3.3. Studiul de caz numărul 2:

DATE PERSONALE

Nume si prenume: A. M

Varsta: 41 de ani

Studii : 10 clase si 2 profesionale

Profesia: tăbacar

Ocupatie : pensionar

Stare civila : necasatorit

Copii: -

Situatie financiara: slaba

Familia de origine: Tatăl a fost de profesie tăbăcar, iar mama a lucrat la fabrica de pensule. Tatăl pacientului a decedat în 2000, în urma unei diplegii. Mama a decedat în 2005, diagnosticată cu cancer abdominal.

Conditii de locuit : 1 apartament cu 2 camere (în care locuieşte cu sora lui) şi gospodărie

Diagnostic: Schizofrenie paranoidă

Diagnosticul schizofreniei: din anul 1992

I.DINAMICA ÎN TIMP A BOLII

a. Istoric medical

Din informațiile furnizate de pacient reiese că boala a debutat în timp ce se afla în armată la momentul când a primit o scrisoare de despărțire din partea unei fostei iubite cu care a avut o relatie mai bine de 2 ani. Reacțiile descrise de pacient, din acel moment au fost :„Am fost foarte furios pe ea. După nici 2 luni, de când am venit în armată, ea m-a lăsat.''

Din fișa medicală rezulta că boala a avut un debut insidios cu simptome deficitare de retragere socială, tulburări de memorie, depersonalizare și anxietate. Sub aspectul tabloului clinic pacientul a manifestat idei delirante, spunând că „Satana'', nu-l lasă să doarmă și halucinații auditive. În prima fază a fost diagnosticat de sindrom discordant după criteriile din DSM III-R, după care s-a stabilizat. După ce a ieșit din regimul militar, la 1 an și jumătate, a lucrat la fabrică de aproximativ 3 ani de zile. Pe tot parcursul perioadei de timp a avut recăderi și repetate internări la spital. Tratamentele administrate au fost compuse din neuroleptice, tipice și atipice (haloperidon, solian, romaparkin, levomepromazin, fluanxol, etc).

La ultima internare din luna noiembrie,anul 2007, pacientul a prezentat: '' mutism, supărare, durere interioară, plâns, singurătate, aspect exterior neîngriji, spunând că intenționează să se sinucidă''. Din observațiile realizate de către asistentul social de la fața locului erau: pacientul nu face tratament de specialitate; nu are conștiința bolii; locuieste cu sora lui care este decompensată și nu dorește să colaboreze cu personalul medical; singurul lor sprijin este matușa, în vârstă de 82 de ani.

II. STAREA PSIHOLOGICĂ A SUBIECTULUI

Potrivit fişei medicale rezulta că A. a fost examinat în 2003 cu următoarele teste:

a) **Testul Proiectiv Lűcher** (1971). Potrivit testului individul vizualizează culorile primare (albastru, roşu, galben şi gri). De exemplu: atunci când o culoare primară nu este agreată de subiect, reflectă un deficit sau o nevoie psihologică. Psihologul a observat la pacientul A. că manifesta o reprimare a cerinţelor fizice, sentimente de izolare, deprimare şi inhibare emoţională. Totodată,o manifestare de tensiune faţă de o situaţie mai problematică, precum şi stării anxioase.

b) **Testul Koch.** Potrivit interpretarii psihologului, pacientul manifestă instabilitate psiho-emotionala, capacitate redusă de integrare în grup, tendinţa pentru retrageri sociale, deficienţe adaptative şi orizont de cunoastere marginit. Potrivit celor documentate: debilitatea mintală, labilitate emoţională, inhibiţie şi stereotipie.

c) **Testul Arborelui.** Conform interpretarii desenului realizat de pacient, prezintă deficienţă mintală, labilitate afectivă, inhibiţie şi stereotipie.

d) Scalei Simptomelor Pozitive şi Negative din schizofrenie

Scala (S.Kay, A.Fiszbein, L.Opler, 1931) cuprinde scala pozitivă şi cea negativă. La Scala Sindromului Pozitiv am obţinut un scor în valoare numeric egală cu 18, iar la Scala Sindromului Negativ un scor în valoare de 21, din totalul de 42, ceea ce o încadrează sub aspectele simptomatologiei în tipul mixt, după observaţiile specialiştilor.

Tabelul 9. Scalei Simptomelor Pozitive și Negative din
schizofrenie

Scala Sindromului Pozitiv	Scala Sindromului Negativ
P1=IDEI DELIRANTE (6- sever) Pacientul prezinta idei paranoide de persecuție și otrăvire. De exemplu, susține că vecinii injectează țevile cu otravă . P2=DEZORGANIZARE CONCEPTUALĂ (5-moderar spre sever) Potrivit observatiilor d-nei doctor, pacientul manifestă sindrom de dezorganizare și anume prin disociație-ideoverbală și sărăcie în producție verbală. De exemplu, utilizează expresii ca și :„steluță în inimă", în episoadele de decompensare a bolii. P6=SUSPICIOZITATE	N1=APLATIZARE AFECTIVA (5-moderat-sever) D-na doctor a specificat că pacientul manifestă răceală afectivă și indiferență la critică-sau lauda. În timpul sesiunilor de interviu rareori s-a observat vreo schițare a zambetului. N2=RETRAGERE EMOȚIONALĂ (5-moderat spre sever) Subiectul nu manifestă o implicare insuficientă față de evenimentele vieții. Prezintă o capacitate scazută de insight și empatie. N6=PIERDEREA SPONTANEITATII SAU

(6-sever)	A FLUXULUI CONVERSATIEI (6-sever)
Pacientul manifestă suspiciozitate legate de prietenii lui din cadrul centrului. De exemplu, susţine că unul din beneficiari vrea să-i „arunce steluţă în inimă" sau bănuieşte că apa de la centru este otravită.	Reducerea din fluxul normal al comunicării ascociate cu apatie, avoliţie şi productivităţii procesului verbal interacţional.

Condiţia psihică a lui A.M. a fost monitorizată de-a lungul şedinelor de către medicul psihiatru. Sarcina examinatorului a constat în ascultare activă şi reflexivă a pacientului, sfătuiri repetate psihiatrul, psihologul şi colectarea de informaţii adunate din discuţiile cu asistentul social.

- La primele întâlniri, pacientul era agitat, nerăbdător. Din momentul în care a intrat în salon, s-a aşezat şi a spus că este diagnosticat cu schizofrenie A vorbit deschis despre diagnosticul lui şi în ce an s-a îmbolnăvit, din primele momente. Faţă de examinator a fost respectuos şi incerca să raspundă cu acurateţe la majoritatea întrebărilor. Din observaţiile examinatorului, A.M manifesta dificultăţi în a reda secvente logice din istoricul personal şi a face conexiuni între idei. În decursul interviului a fost necesar să fie reformulate unele intrebari, astfel încât să fie simple şi usor de abordat de catre acesta.
- Examinatorul a utilizat metoda observatiei directe în interacţiunea pacientului cu beneficiarii din cadrul Centrului de Sănătate Mintală. A.M încearcă să stabilească relaţie de prietenie cu beneficiarii centrului; obişnuieşte să joace cărţi cu ei, se plimbă alături de ei.

În unele momente, le cere țigări și pare agitat, fără stare.

- Din primul interviu cu d-na doctor, reiese că pacientul se afla într-o fază psihotică, iar stările de agitație sunt motivate de nevoia de a consuma băuturi alcoolice. Starea lui psihică este mai dificil de conciliat, din princina faptului că, nu există o continuitate a tratamentului de la centru la cel de acasă. A. M. locuiește doar cu sora lui, care este și ea decompensată și nu dorește să urmeze un tratament medicamentos.

- În urmatoarele 2-3 întâlniri cu pacientul, a fost mai liniștit, și a vorbit deschis. Față de prima intalnire, a reușit să mențină contactul ochi în ochi. În schimb chipul lui era la fel de crispat, ca si prima dată. Globii oculari păreau mari și proeminenți.Referitor la postura lui corporală, obișnuia să stea cu mâiniile încleștate, picior peste picior.A vorbit despre istoricul lui personal, dar și medical. Vorbea destul de convingător. Starea lui de bine, din cele discutate, se datorează d-nei psiholog pentru l-a laudat în acea zi, spunându-i că o ajută la activitățile de la centru și i se adresează în mod politicos.

- Înainte de sărbători, a fost l-a vizitat la centru. Părea liniștit, plictisit și limbajul lui era comprehensibil.

- După sărbători, momentele petrecute acasă i-au înrăutățit starea de bine. Față de întâlnirile, subiectul arăta istovit, îi tremurau mâinile și avea fața palidă cu ochii injectați și roșii. Fața era mobilă, fără mimică și vorbea doar din buze. Părul era răvășit și hainele neîngrijite. Din relatările subiectului, reiese că de sărbători a consumat alcool. Discuțiile lămuritoare cu privire la condiția psihica a pacientului cu medicul curant a rezultat că se afla într-o fază psihotică, manifestând halucinaţii şi idei delirante, învinovăţind vecinii că îi otrăvesc ţeviile.

- La urmatoarea întâlnire, A. părea foarte întristat, cu ochii plânşi, obosit şi după cum el însuşi şi-a descris starea:„cu un gol in suflet". Când a fost intrebat ce i s-a intamplat, a răspuns că sora lui a fost internată la „închişi" deoarece nu şi-a mai luat tratamentul de 9 luni de zile, iar vecinii au chemat salvarea. Acest eveniment s-a petrecut în data de 11.05.2009. A.M, privea ,a raspuns ca nu mai vrea să consume alcool şi că îşi face griji pentru sora lui pe care o poate vedea doar o data pe saptămana deoarece se afla sub tratament şi i s-a interzis să-şi viziteze sora (observaţie: pentru a nu-i agrava simptomele)

III.STAREA PREZENTĂ

<u>1.Simptome fizice</u>

A.G. subiectul a răspuns că simte ocazional aude „ţiuituri în ureche", pe motiv că suferă de otită, senzaţii de oboseală şi pierderea energiei în mod constant.

Conform datelor oferite de pacient, în toamna anului 2008, pacientul a fost diagnosticat de colecist.

Alte simptome mai alarmante sunt cele ce ţin de consumul de substanţe toxice ca alcoolul. Medicul psihiatru a confirmat că obişnuieşte să consume alcool după ce pleacă de la centru.

2.Reactii psihologice

În urma interviului semistructurat rezidă că A.G consideră că boala i-a afectat viaţa în mare parte, deoarece înainte avea mai multă liberate de mişcare, călătorea pe la staţiuni, ş.a.. Prima oară când a aflat că suferă de schizofrenie, a spus că: „*Nu mi-a venit să cred...credeam ca numa mie mi se poate întâmpla aşa ceva...*". Cât despre persoana căreia i-a mărturist boala de care suferea a fost tatal său.

În ceea ce priveşte descrierea bolii, a răspuns că boala lui este o condiţie serioasă şi că a avut un impact major în viata lui şi că toata viaţa trebuie să ia tratament.

Prin urmare, credem că rezultă că pacientului i s-au furnizat informaţii relevante cu privire la boala lui. Controlul asupra bolii este mediu, aşa cum a afirmat: „*Fac ce pot, după posibilităţi*". Subiectul este conştient că trebuie să-şi ia tratamentul (*„Eu vă spun drept că fără Solian, nu pot să adorm"*), dar preconizăm că face acest lucru doar ca să poată dormi, nu ca să-şi controleze simptomele.

IV.RELAŢIILE INTERPERSOANALE
SEMNIFICATIVE ŞI SUPORT SOCIAL

A.M locuieşte cu sora lui în aceeaşi locuinţă. Sora lui are 33 de ani şi este diagnosticata cu schizofrenie (nu s-a specificat tipul). Aceasta este căsătorită, dar nu are copii. Potrivit precizărilor asistentului social, sora lui este decompensată şi nu doreşte să-şi ia tratament. Are reacţii de furie şi manifestă agresivitate verbală. Mai mult, susţine îi frică de ea şi lasă mereu după ea. În ultimul interviu, a mărturisit că cumnatul lui s-a mutat de acasă, deoarce nu mai suporta ieşirile din fire ale soţiei. De aceea, în ultima instanţă a ajuns la clinica de

135

psihiatrie. În afara de cumnat care după spusele lui apare doar la nevoie, frații beneficiează de ajutorul din partea matușii lor. Din păcate nu s-au obținut prea multe informații legate de dânsa, deoarece nu locuiește în aceeași localitate cu ei. A. vorbește foarte frumos despre mătușa lui și că îi ajută financiar.

Din interviu înțelegem că frații împărtășesc scopuri și obiective comune. De exemplu, merg împreună să cultive cereale (au o mica parcelă în afara orașului) și își împart sarcinile. Provin dintr-o familie cu principii în care motto-ul este: „mai bine saraci, dar fără datorii!".

A. M. susține că *singurii lui prieteni sunt cei de la centru cu care interacționează destul de des, mai ales prin intermediul activităților* ca: jocuri sociale (rummy, cărți, etc). Susținea că înainte de boală îi plăcea să lege prietenii.

Din discuțiile cu d-na psiholog, rezultă că este respectuos, atent, spune „mici glumițe". Echipa de la Centrul de Sănătate mintală are un rol proactiv în monitorizarea stării conditionale ale subiectului. D-na doctor, mărturisește că atunci cand nu se prezintă centru pe o perioadă mai îndelungată de timp, boala se acutizează. Se presupuse că nu-și ia medicamentele acasă și trebuie intervenit printr-un program de reabilitare.

V.DINAMICA SI STRUCTURA PERSONALITATII

A.M îşi face griji referitoare la viitor. Îi este teama de posibilele internari la clinica de psihiatrie, spunând că , „acolo la închişi e tare urât..nu-i doresc la nimeni să treacă prin ce am trecut eu. Acolo bolnavii sunt răi şi agresivi!".

VIII.STRESORI MAJORI SI POTENTIALE DE COPING:

Sunt anumite aspecte din viata pacientului pe care le consideră cele mai solicitante, și anume: *solicitările pe care le impune boala psihică* în vederea gestionării simptomatologiei manifeste prin recurgerea la tratament medicamentos, astfel subiectul se simte obosit și nu poate adormi; cel de-al doilea rând ocupă solicitarile pe care le impune *rolul de beneficiar* al unui program de sănătate mintală ce impun respectarea prescriptiilor medicale și a programului (mese, vizite, repaos), respectarea indicațiilor primite de personalul medico-sanitar, interzicerea părăsirii clinicii pe perioda internarii, s.a; *rolul de frate* al unei persoane diagnosticate cu același spectru-de aici și dezamăgirea personală; Un alt lucru cu care se confruntă este dezavantajul de a avea o pensie de boala despre care se stie ca este destul de mica, și nu în ultimul rând, *stigmatizarea pe care o implică boala psihică* în societatea noastră, care nu este ușor de conciliat, de aceea majoritatea bolnavilor psihici preferă să evite locuri în care se cere o anumita prezența sau un comportament protocolar, creându-și o „lume a lor."

IX.CONCLUZII SI RECOMANDARI:

În vederea reabilitarii psiho-sociale a subiectului , propunem următoarele direcții și programe de intervenție:
*   Psihoterapii (individuale sau de grup):
*   Socioterapii;
*   Terapii vocationale;
*   Programe psiho-educaționale
*   Servicii de reabilitate psihosocială

137

Echipa multidisciplinară poate implementa activităţi care să faciliteze interacţiunea socială dintre beneficiari prin activităţi ca: rummy, şah, table şi carti; audiţii muzicale; lecturi; exersarea de competenţe tehnologice; confecţionarea unor obiecte artistice şi gimnastică medicală.

7.4 Rezultate

Studiul 1: Fidelitatea a fost analizată cu Cronbach Alpha. Din tabelul 10 pot fi observaţi itemii de testare selectaţi de către participanţi, precum şi a scorurilor obţinute la chestionar. Valorile iniţiale ale lui alpha obţinute au fost de 0.73. Corelaţiile între itemi pentru satisfacţie şi insatisfacţie s-au situat între 0.49, iar cei importanţi privind domeniile evaluate în jur de .30.

Tabelul 10				
Consistenţa internă: iniţială şi ajustarea coeficientul Alpha				
Domeniu	**nr. de itemi**	**Alpha**	**Ajustarea numărului de itemi**	**Ajustarea Alpha**
bunăstare fizică	8	0.73	9	0.73
bunăstare psihologică	7	0.73	7	0.73
bunăstarea socială	7	0.73	6	0.74

satisfacția simptomelor	12	0.71	9	0.68
satisfacția oboselii	6	0.69	5	0.65
satisfacție combinată	4	0.72	8	0.76
indicele global de calitatea vieții	22	0.87	18	0.87

Corelația coeficienților din tabelul 11. a combinat scorurile de la ajustarea calității vieții unde scorurile au fost pozitive și semnificative (p. <.01)

Tabelul. 11

Consitența internă: inițială și ajustarea corelațiilor între itemi

Domeniu	nr. de itemi	Corelații între itemi	Ajustarea numărului de itemi	Ajustarea corelației
bunăstare fizică	8	.30	9	.30
bunăstare psihologică	7	.29	7	.31
bunăstarea socială	7	.34	6	.30

satisfacția simptomelor	12	.33	9	.32
satisfacția oboselii	6	.36	5	.33
satisfacție combinată	4	.24	8	.31
indicele global de calitatea vieții	22	.20	18	.21

Studiul 2: În urma colecționării datelor pentru întocmirea studiilor de caz de la medici și al codării itemilor interviului, conform teoriei generată (Glaser și Straus), ne-a permis înțelegerea a 7 teme mari identificate de pacienți și considerți a avea o contribuție "semnificativă" în satisfacerea și nesatisfacerea vieții, așa cum diverse studii au demonstrat:

1) eșec în relațiile de cuplu și izolare socială;

2) pierderea prestigiului și atmosferă familială intensă;

3) constrângeri ocupaționale și planuri în viitor;

4) experiență subiectivă a simptomelor psihotice;

5) pierderea oportunității de exercitarea unei profesii dorite;

6) dezavantaje în sistemul de sănătate mintală și politici sociale;

7) preocupări legate de viitor

Participanții au identificat pierderi semnificative în aceste domenii, ca și consecințe ale schizofreniei.

7.5 Limitele studiului

- Numărul relativ scăzut de subiecţi, prin urmare nu se pot face extrapolări pentru întreaga populaţie.
- Lipsa validităţii datelor pentru chestionarul aplicat.
- Măsurarea calităţii vieţii, care este mai degrabă un domeniu, decât un concept ştiinţific.
- Pentru evaluarea subiectivă a nevoilor satisfăcute şi nesatisfăcute de subiecţi, nu s-a recurs la un lot de control format din non-pacienţi.
- Nu există o suficientă congruenţă în ceea ce priveşte măsurarea calităţii vieţii.
- Starea de bine a subiecţilor a fost evaluată prin relaţiile dintre simptomele psihopatologice
- Perioada relativ scurtă între interviu şi chestionar de 7 luni

7.6. Discuţii

Numeroase studii au examinat factorii asociaţi cu calitatea vieţii în schizofrenie. Literatura s-a concentrat pe variabilele socio-demografice şi severitatea simptomelor. Creşterea speranţei de viaţă, îmbunătăţirea serviciilor de îngrijire, schimbările de atitudine ale populaţiei faţă de psihiatria comunitară ar trebui să constituie una din reperele lumii contemporane.

Cartea de faţă şi-a propus studierea schizofreniei prin intermediul cercetărilor din domeniul ştiinţelor medicale, acordând importanţă istoricului conceptului şi a acumulărilor teoretice şi ştiinţifice, la mai bine de 100 de ani de la descoperire. Una dintre cele mai semnificative abordări a schizofreniei o reprezintă modelul stres-vulnerabilitate (Zubin şi Spring, 1977). Conform accepţiunii noastre, schizofrenia este rezultatul interacţiunii dintre stres (nişa ecologică) şi vulnerabilitate (personalitate premorbidă), în care intervin predictori şi moderatori, din domeniul calităţii vieţii. Demonstrarea existenţei unor astfel de punţi de legătură, de procese mediatoare între factorii psihologici şi cei sociali pot constitui ca puncte de plecare în desfăşurarea unor studii viitoare privind prognosticul şi fiabilităţii dintre serviciile de sănătate mintală şi calitatea vieţii, cărora am încercat să le acordăm o importanţă semnificativă.

Modificările cantitative şi calitative dintre intercondiţionarea predictorilor ce ţin de severitatea simptomelor şi managementul psiho-social ca markere pentru reabilitarea şi reinserţia psiho-socială a subiecţilor.

Departe de a servi drept ca prescripţie farmacologică sau psihoterapeutică, cartea oferă cititorilor o înţelegere profundă a simptomatologiei şi cunoaşterii directivelor politicilor de sănătate mintală, poziţionând familia şi persoana cu schizofrenie în centrul comunităţii psihiatrice.

Reabilitarea psiho-socială presupune un demers plurimodal individualizat, de implicare si de responsabilizare a pacientului în cadrul contextului său social, în asa fel încât acesta să-şi poată redobândi capacităţile prin:

- posibilitatea de a avea o locuinţă proprie, mai mult sau mai puţin protejată, în funcţie de nevoi, dar care să se încadreze într-un spatiu existential privat;
- posibilitatea a-şi exercita rolul profesional, recompensa fiind aceea obţinerii unui statut de "producător" de valori sociale sau economice;
- posibilitatea de a avea acces la reţeaua de suport social şi servicii de sănătate.

Bibliografie

1.   Anghel, D., (2010), Predictors of quality of life in Schizophrenia: a grounded theory approach, in Psychology & Health (Abstracts Book), Conference of European Health Psychology Society, Cluj-napoca, Romania, (ed. Paul Norman & Adriana Baban), Vol. 25, Supplement 1., Routledge London and New York.

2.   Amador, X., F., Strauss D. H., Yale S., A., Gorman, J., M., (1991), *Awareness of illness in schizophrenia*, Schizophrenia Bulletin, nr. 17.

3.   American Psychiatric Assotiation, (2013), *Diagnostic and Statistical Manual of Mental Disorders. Fifth Edition. DSM 5*, American Psychiatric Publishing, Washington DC, London.

4.   Andreasen, N., Carpenter, J., R., (1993), *Diagnosis and classification of schizophrenia, Schizophrenia Bulletin*, nr. 19.

5.   Andreasen, N., Flaum, M., Arndt, S., (1992),*The comprehensive assessment of symptoms*, Arch., Gen., Psychiatry, 49.

6.   Angermeyer, M., C., Liebelt, P., Matschinger, H., (2001), *Distress in parents of patients suffering from schizophrenia or affective disorders*, Psychotherapie, Psychosomatik, Medizinische Psychologie nr. 51.

7.   Barham, P., (1998), *Schizophrenia and human value*, Free Association Books, London.

8.   Bartol, G., M., Moon, E., Linton, M., (1994), *Nursing assistance for families of patients*, Journal of Psychosocial Nursing, nr. 32.

9.   Beck, A., (1976), *Cognitive therapy and the emotional disorders*, International Universities Press, New York.

10.   Beck, A., T., Emery, G., Greenberg, R., (1985), *Anxiety disorders and phobias: A cognitive perspective*, Basic, New York.

11. Belitsky, R., McGlashan, Th., (1993), *The Manifestation of schizophrenia in late life: a death of data*, în Schizophrenia Bulletin nr. 19, Oxford University Press, Oxford.

12. Bentall, R., P., (1990), *Reconstructing schizophrenia*, Routledge, London.

13. Birchwood, M., Smith, J., Cochrane, R., (1992), Specific and non-specific effects of educational intervention for families living with schizophrenia: A comparison of three methods, British Journal of Psychiatry, nr. 160.

14. Birţ, A. M., (2001), Psihiatrie. Prolegomene Critice, Editura Dacia, Cluj-Napoca.

15. Bleuler, E., (1950), Dementia praecox of the group of schizophrenics, International University Press, New York.

16. Borell-Carrió, F., Schuman A., Epstein R., (2004), The Biopsychosocial Model 25 Years Later: Principles, Practice and Scientific Inquiry, Annals of family medicine, vol. II., nr. 6.

17. Brunello, N., Racagni, G., Langer, S., Z., Mendlewicz (coord.), (1995), Critical Issues in the Treatment of Schizophrenia, în International Academy for Biomedical and Drug Research, vol. 10., Editura Kraeger, Basel-Paris-London-New-York.

18. Caron, J., Lecompte, Y., Stip, E., Renaud, S., (2005), Predictors of Quality of Life in Schizophrenia, Community Mental Health Journal, vol. 41.

19. Chiriţă R., (1999), Elemente de psihiatrie clinic şi etică psihiatrică, Editura Fundaţiei „Andrei Şaguna", Constanţa.

20. Chiriţa, V., Papari, A., (coord.), (2002), Tratat de Psihiatrie, vol I şi II, Editura Fundaţiei „Andrei Şaguna", Constanţa.

21. Cizmaş, P., (2011), Calitatea Vieţii Bolnavilor cu Schizofrenie, Universitatea de Medicină şi Farmacie „Iuliu Haţieganu", Psihiatrie, Cluj-Napoca.

22. Crișan, A. G., (2010), Insight-ul în Schizofrenie: Factor de Prognostic în Evoluția Bolii, Universitatea de Medicină și Farmacie „Iuliu Hațieganu", Psihiatrie, Cluj-Napoca.

23. David, D., Tratat de psihoterapii cognitive și comportamentale, Editura Polirom, Iași, 2006.

24. Dickerson F., B, Boronow, J., J., Ringel N., Parente, F., (1998), Lack of insight among outpatients with schizophrenia, Psychol. Rep..

25. Dollfus, S., Petit, M., Menard, J., F., Lesieur, P., H., (1992), Reserche sur la schizophrenie: necesite d' incluire les patients selon plusieurs systemes diagnostiques, Ann M. Psychologiques, nr. 150.

26. Elkind, D., (1967), Strategic interactions in early adolescence, în Social and personality development: Essay on the growth of the child, Norton, New York.

27. Elkind, D., Bowen, R., (1979), Imaginary audience behaviour in children and adolescents, în Developmental Psychology nr. 15.

28. Ellis, A. (1994), Reason and emotion in psychotherapy, Birch Lane Press, New York.

29. Eklung, M., (2008), Temperament, character and self-esteem in relation to occupational performance in individuals with schizophrenia, Community Men Health, nr. 44.

30. Enachescu, C., (2003), Fenomenologia nebuniei, Editura Polirom, Iași.

31. Enachescu, C., (2008), Tratat de psihanaliză și psihoterapie, Editura Polirom, Iași.

32. Enachescu, C., (2008), Tratat de igienă mintală, Editura Polirom, Iași.

33. Fadden, G., Bebbington, P., Kuipers, L., (1987), The burden of care: The impact of functional psychiatric illness on the patients' family, British Journal of Psychiatry nr. 150.

34. Falloon, L., Boyd, J., McGill, C., (1984), Family care of schizophrenia: A problem solving approach to the treatment of mental illness, The Guilford Press, New York.

35. Feinberg, I., (1997), Schizophrenia as an emergent disorder of late brain maturation, în Neurodevelopment and adult psychopathology, Cambridge University Press, Cambridge.

36. Frith, C., D., (1979), The cognitive neuropsychology of schizophrenia, Lawrence Erlbaum Associates, Hillsdale, New Jersey.

37. Foldemo, A., Gullberg, M., Ek, A., Bogren, L., (2005), Quality of life and burden in parents of outpatients with schizophrenia, Social Psychiatry and Psychiatric Epidemiology, nr. 40.

38. Ford, J. M., Roach, B. J., Jorgensen, K. W., Turner, J. A., Brown, G. G., Notestine, R., Bischoff-Grethe, A., Greve, D., Wible, C., Lauriello, J., Belger, A., Mueller, B. A., Calhoun, V., Preda, A, Keator, D., O'Leary, D. S. , Lim, K., O., Glover, G., Potkin, S., G.,și Mathalon, D. H. (2009), Tuning in to the Voices: A Multisite fMRI Study of Auditory Hallucinations, în Schizophrenia Bulletin, vol. 35, nr. 1, Oxford University Press, Oxford.

39. Fortune, G., (2005), Perceptions of psychosis, coping, appraisals, and psychological distress in the relatives of patiens with schizophrenia: An exploration using self-regulation theory, în British Journal of Clinical Psychology, nr. 44.

40. Foucault M., Maladie Mentale Et Personnalité, (1954), Editura P. U. F., Paris.

41. Gabbard, G., (2005), Psychodynamic Psychiatry in Clinical Practice: The DSM-IV Edition, American Psychiatric Press, Washington DC.

42. Gallagher, S. K., Mechanic, D., (1996), Living with the mentally ill: Effects on the health and functioning of other household members, Social Science and Medicine nr. 42.

43. Gee, L., Pearce, E., Jackson M., (2003), Quality of life in schizophrenia: A grounded theory approach. Forensic Psychiatric Services.

44. Gelder M., Tratat de psihiatrie. Ed. II-a, Oxford University Press, Asociatia Psihiatrilor Liberi din România si Geneva Initiative on Psychiatry.

45. Glass, C., R., Merluzzi, T., V., (2000), Cognitive and behavioral assessment, în C. E. Watkins & V. L. Campbell (Ed..), Testing in counseling practice, Hillsdale, N.J., Erlbaum.

46. Goldstein, M., Rodnick, E., Evans, J., May, P., & Steinberg, M. (1978), Drug and family therapy in the aftercare treatment of acute schizophrenia. Archives of General Psychiatry, nr. 11.

47. Gunatilake S., Ananth J., Parameswaran S., Brown S. and Silva W.. (2004), Rehabilitation of Schizophrenic Patients. Current Pharmaceutical Design, 10.

48. Hamilton, S. (2008), Schizophrenia candidate gene, The American Journal of Psychiatry.

49. Harrop, C., Trower, P., (2003), Why does Schizophrenia Develop at Late Adolescence? A cognitive-develomental approach to psychosis, John Wiley and Sons, London.

50. Harvey, P. D., McGurk, S. R., (2000), Harvey PD McGurk SR., Cost of schizophrenia: Focus on cognitive and occupational dysfunction, The Economics of Neuroscience, Boston.

51. Harvey, P.D., Serper, M.R., White, L., Parrella, M., McGurk, S.R., Moriarty, P.J., Bowie, C., Nehal, V., Friedman, J., & Davis, K.L., (2001), The convergence of neuropsychological testing and clinical ratings of cognitive

impairment of patients with schizophrenia, Comprehensive Psychiatry Journal, nr. 42.

52. Hodges D, (2001), Impact of illness at paticient with schizophrenia, PROQUEST.

53. Hogarty (1986), Information programme & behavioural family therapy & social skills training achirves of general psychiatry, Guillford Press, New York.

54. Laliberte-Rudman, D., Hoffman, L., Scott, E., Renwick, R., (2004), Quality of Life for Individuals With Schizophrenia: Validating an Assessment, 24, ProQuest Central.

55. Lopez, S., R, Nelson, K., Polo, J., (2004), Ethnicity, expressed emotion, attributions, and course of schizophrenia: family warmth matters, Journal of Abnormal Psychology, nr. 113.

56. Leventhal, H., Nerenz, D., Steele, D. J., (1984), Illness representations and coping with health.Threats, în A., Baum, S., E., Taylor, şi J. E. Singer (Edit.), Handbook of psychology and health:Social psychological aspects of health, Vol. 4, . Hillsdale, NJ, Erlbaum.

57. Leventhal, H., Brissette, I., şi Leventhal, E., A., (2003), The common-sense model of self-regulation of health and illness, în L., D., Cameron şi H., Leventhal (Eds.),The self-regulation of health and illness behaviour, New York: Routledge.

58. Lysaker (2004), Attribution Theory of social functioning inschizophrenia, Journal of Rehabilitation Research and Development, vol 41.

59. Iftene, F., (1999), Psihiatria Copilului şi Adolescentului, Editura Casa Cartii de Ştiinţă, Cluj-Napoca.

60. Iftene, F., Gupta, M., Basset, E., Bowie, C., (2012), Functional outcomes in schizophrenia: untderstanding the competence-performance discrepancy, în Journal of Psychiatric Research nr. 46.

61.   Jarema, M., Konieczyn, Z., (2001), Quality of life in schizophrenia: Impact of psychopathology, patients' gender and antipsychotic treatment, International Journal of Psychiatry in Clinical Practice Vol. 5.

62.   Jaspers, K., (1948) Allgemeine Psychopathologie, 5 ed., Springer, Berlin.

63.   Jaspers K., General Psychopathology (1913), trad., Hoening, J., Manchester University Press, Manchester.

64.   Jean, C., Yves, L., Stip, E., Renaud, S., (2005), Predictors of Quality of Life in Schizophrenia, Community Mental Health Journal, Vol. 41.

65.   Jeican, R., (1998), Schizofrenia. Monografie Medicală, Casa Cărții de Știință, Cluj-Napoca.

66.   Jeican, R., (2001), Psihiatrie pentru medicii de familie, Ed. Dacia, Cluj-Napoca.

67.   Jeican, R., (2005), Schizofrenia, Editura Casa Cărții de Știință.

68.   Jeican, R. (2007), Schizofrenia. Teorii și cercetări etiologice recente, Ed Casa Cărții de Știință.

69.   Jungbamer, J., Angermeyer, M., (2002), Living with a schizophrenia patient, The American Journal of Psychiatry.

70.   Kaplan, H., J., Sadock., B., J., (1994), Synopsis of Psychiatry, Williams & Wilkins, Baltimore.

71.   Karow, F., G., Pajonk, J., Reimer, F., Hirdes, C., Osterwald, D., Naber , S., (2008), The dilemma of insight into illness in schizophrenia: self- and expert-rated insight and quality of life, European Archieve Psychiatry Clinical Neuroscience nr. 258.

72.   Karrow, A., Pajonk, F., G., Insight and quality of life in schizophrenia: recent findings and treatment implications.

73.   Kemmler, B. Holzne R. (1997). General life satisfaction and domain-specific quality of life in chronic schizophrenic patients Quality of Life Research Vol 6.

74. Kovacs, M., Obrosky, D., Sherrill, J., (2003), Developmental changes in phenomenology of depression in girls compared with boys from childhood onward, Journal of Affective Disorders, nr. 74.

75. Konieczyn, Z., (2001), Quality of life in schizophrenia: Impact of psychopathology, patients' gender and antipsychotic treatment, International Journal of Psychiatry in Clinical Practice, Vol. 5.

76. Kraepelin, E., (1919), Textbook of Psychiatry, Edinburg, Lvingstone.

77. Laliberte-Rudman, D., Hoffman, L., Scott, E., Renwick, R., (2004), Quality of Life for Individuals With Schizophrenia: Validating an Assessment, 24, 1; ProQuest Central.

78. Lopez, S., R, Nelson, K., Polo, J., (2004), Ethnicity, expressed emotion, attributions, and course of schizophrenia: family warmth matters, Journal of Abnormal Psychology, nr. 113.

79. Lysaker (coord.), (2004), Attribution Theory of social functioning inschizophrenia, Journal of Rehabilitation Research and Development, vol 41.

80. Marková, I., S., (2005), Insight in Psychiatry, Cambridge University Press, Cambridge.

81. Mash, E. J., Barkley A. R., (2006), Treatment of Childhood Disorders. Third Edition, The Guilford Press, New York.

82. Mc Gurk, S. R., Mueser, K. T., (2004), Cognitive functioning, symptoms, and work in supported employment: A review and heuristic model, în Schizophrenia Research, nr. 70, An Official Journal of the Schizophrenia International Research Society.

83. McGorry, P., Jackson, H., (coord.), (1999), The Recognition and Management of Early Psychosis: A Preventive Approach, Cambridge University Press, Cambridge.

84. Miclea, M., (1997), Stres și apărare psihică, Editura Presa Universitară Clujană, Cluj-Napoca.

85. Minkowski, E., (1999), Schizofrenia. Pshihopatologia schizoizilor și schizofrenicilor, trad. Gavriliu, L., Editura Iri, București.

86. Miguelon, C., Gonzalez-Torres, R., Aristegui, M., Fernandez-Rivas, L.,Guimon, J. (2007). Stigma and discrimination towards people with schizophrenia and their family members, Soc Psychiatry, Psychiatr Epidemiol nr. 42.

87. Mullins, L., L., Siegel, L., J., Hodges, K., (1985), Cognitive problem solving and life event correlates of dessive symptoms in children, în Journal of Abnormal Psychology.

88. National Institute for Health and Care Excellence, (2002), Schizophrenia: core interventions in the treatment and management of schizophrenia in primary and secondary care, Clinical guidelines, CG1.

89. Neil, A., (2002), Cognitive Therapy For Schizophreni, From Conceptualization to Intervention, Can J PsychiatriY, Vol 47.

90. Olteanu, I., (1993), Suportul Social și Schizofrenia, Universitatea de Medicină și Farmacie „Iuliu Hațieganu", Psihiatrie, Cluj-Napoca.

91. Osatuke, K., Ciesla, J., Kasckow, (2008), Insight in schizophrenia: a review of etiological models and supporting research, Compared Psychiatry, nr. 49.

92. Paziuc, A., Mărginean, R., Mărginean, O., Ciupercovici A., Tănăsan G., (2009), Ghid Practic de dezvoltare a serviciilor de asistență comunitară pentru persoanele cu problem de sănătate mintală în orașele mici și comunitățile rurale, Editura Mușatini, Câmpulung Moldovenesc.

93. Pinel, P., (1801), Traité medico-philosophique sur l' alienation mentale, ou la manie, Richard, Caille et Ravier, Paris.

94. Preda, V., (2005), Terapii prin mediere artistică, Presa Universitară Clujeană Cluj- Napoca.

95. Radu, A., (2010), Schizofrenia. Proiecții Bio-Psiho-Sociale, Editura Prim, Iași.

96. Raffard, S., Capdevielle, D.,Garcia, F., Boulenger, Y., P., Gely-Nargeot, M., C., (2008), Lack of insight in schizophrenia: a review. Part I.: theoretical concept, clinical aspects and Amador' s model, Encephale.

97. Remschmidt, H. (coord.), (2001), Schizophrenia in children and adolescents, Cambridge University Press, Cambridge.

98. Rusch, N., Corrigan P.,W., (2002), Motivational interviewing to improve insight and treatment adherence in schizophrenia, Psychiatr. Rehabil. J., NR. 26.

99. Sadock, B., J., Sadock, V. A., (2000), Comprehensive Textbook of Psychiatry, vol II., Lippincott Williams and Wilkins Publishers.

100. Sabău, T., I., (2009), Particularități ale deteriorării cognitive în Schizofrenie, Universitatea „Babeș-Bolyai", Facultatea de Psihologie și Științele Educației, Cluj-Napoca.

101. Sheck, D., Lee, T., (2007), A study of family life quality and emotional quality of life. Social indicators Research nr. 80, Springer.

102. Školka, Enikő, (2006), Consiliere psihologică si diagnostic diferențial, suport de curs, anul III, U.B.B, Psihopedagogie specială, Cluj-Napoca.

103. Sturz, O. Lăzărescu, M., Dehelean, L. (2003). Caiet de stagiu pentru psihiatrie adulți. Anul VI Medicină generală. Litografia U.M.F. Timișoara.

104. Stantze, K., (1998), Subjective quality of life and standard of living: a 10-year follow-up of out-patients with schizophrenia, în Acta Psychiatrica Scandinavica, nr. 98.

105. Stantze, K., (1994), A new approach to facilitation of working alliances based on patients' quality-of-life goals, în Nordic Journal of Psychiatry nr. I.

106. Stantze, K., Malm, U., (1992), Comparison of quality of life with standard of living in schizophrenic out-patients, în British Journal of Psychiatry, nr. 161.

107. Stefan, M., Travis, M., Murray, R., M., (2002), An Atlas of Schizophrenia, Partheon Publishing, London.

108. Strauss, J., S., Carpenter, W., T., (1974), The prediction of outcome in schizophrenia, II. Relationship between predictor and outcome variables: a report from the WHO. International Pilot Study of Schizophrenia, în Archives of General Psychiatry, nr. 31.

109. Sundeen, S., J., Stuart, G., W., Laraia, M., T., (1998), Psychiatric Nursing, Better World Books, Mosby-Year Book.

110. Șelaru, M. (coord.), (1996), Studii de Psihiatrie. Schizofrenia, vol. I, Editura Dosoftei, Iași.

111. Tarrier, N., Khan, S., Carter, J., Picken A., (2007) The subjective consequences of suffering a first episode psychosis: trauma and suicide behavior, Division of Clinical Psychology, School of Psychological Sciences, Manchester.

112. Teschinsky, U., (2000), Living with schizophrenia, Issues in Mental Health Nursing, nr. 21.

113. Thompson, (2005), Siblings studies of person with schizophrenia, Schizophrenia Bulletin.

114. Tudose, F., (2002), Abordarea pacientului în psihiatrie, Editura Infomedica.

115. Ventegodt, (2003), Quality of Life Theory I., The IQOL Theory: An Integrative Theory of the Global Quality of Life Concept, The scientific World Journal.

116. Williams, C., (2007), Insight, Stigma, and Post-Diagnosis Identities in Schizophrenia. Psychiatry, vol. 71.

117. Wilkinson, G., Hesdon, B., Wild, D., (2000), Self-report quality of life measure for people with schizophrenia: the SQLS, în British Journal of Psychiatry, nr. 177.

118. Wieland, M., Rosenstock ,J., Kelsey, F., Ganguli, M., Stephen, R., (2007), Distal Support and Community Living Among Individuals Diagnosed with Schizophrenia, Psychiatry, Springer nr. 70, ProQuest Central.

119. Wood, S., J., Allen, N., B., Allen, Pantelis, C. (edit.), (2009), The Neuropsychology of Mental Illness, Cambridge University Press, Cambridge.

Anexa 1

CHESTIONARUL DE EVALUARE A CALITĂȚII VIEȚII PACIENȚILOR CU SCHIZOFRENIE

Vă rog să citiți cu atenție următoarle întrebări și să afirmați în funcție de cerință, alegând una dintre cele șase opțiuni în funcție de stările și sentimentele dvs. din ultima lună. Pentru fiecare afirmație încercuiți litera corespunzatoare răspunsului care vă reprezintă cel mai bine.

Nu există răspunsuri bune sau gresite!

1. Cum v-ți simțit în decursul ultimei luni?

   a. Într-o stare excelentă

   b. Într-o stare foarte bună

   c. În general bine

   d. Am trecut adesea de la o stare la alta

   e. Într-o stare proastă

   f. Într-o stare foarte proastă

2. Cât de des ați fost deranjat de simptomele dvs sau de dureri în ultimul timp (ultima luna)?

   a. În fiecare zi

   b. Aproape în fiecare zi

   c. De câteva ori

   d. Uneori

   e. Rar

   f. Aproape deloc

3. V-aţi simţit trist/ă în ultima lună?

   a. Da, până în momentul în care am vrut să-mi pun capăt zilelor

   b. Da, până pe punctul de a nu-mi mai păsa de nimic

   c. Da, foarte deprimat în majoritatea timpului

   d. Da, relativ deprimat de câteva ori

   e. Da, adesea am trecut de la o stare la alta

   f. Nu, nu m-am simţit deprimat deloc

4. Credeţi că ati avut un control absolut asupra gândurilor, emoţiilor sau sentimentelor dvs. în ultima lună?

   a. Da, absolut

   b. Da, în mare parte

   c. În general, da

   d. Nu, unu control foarte bun

   e. Nu, câteodată sunt dezorientat

   f. Nu, sunt foarte dezorientat

5. Aţi fost agitat pe parcursul ultimei luni?

   a. Foarte tare, până pe punctul de a nu mai putea face nimic

   b. Mult

   c. Moderat

   d. Puţin-însă nu destul cât să ma deranjeze

   e. Foarte putin

    f. Deloc

6. Cât de energici v-ați simțit în ultima lună?

    a. Foarte

    b. Destul

    c. Energia mea a variat de la foarte puțin la foarte mult

    d. Energie foarte scăzută, în majoritatea timpului

7. În ce măsură v-ati simțit abătut și deprimați, în ultima lună?

    a. Deloc

    b. Puțin

    c. Într-o mare parte a timpului

    d. În majoritatea timpului

    e. Tot timpul

8. Ați fost tenstionat sau ați simțit tensiune în timpul ultimei luni?

    a. Da, extrem de tensionat tot timpul

    b. Da, foarte tensioant în majoritatea timpului

    c. În general nu am fost tenstionat însă am avut câteva momente

    d. M-am simțit tenstionat de câteva ori

    e. Nivelul meu de tensiune a fost în general scăzut

    f. Nu, nu m-am simțit tensionat deloc

9. Cât de fericit sau de satisfăcut ați fost în decursul ultimei luni ?

    a. Extrem de fericit, nu se putea mai mult de atât

    b. Foarte fericit în majoritatea timpului

    c. În general fericit sau satisfăcut

    d. Am avut moment în care am fost fericit sau satisfăcut

    e. În general am fost nesatisfăcut

    f. Foarte nesatisfăcut în majoritatea timpului

10. V-ați simțit suficient de sănătoși ca să vă ocupați de lucrurile care vă fac plăcere sau pe care trebuia să le faceți?

    a. Da, bineînțeles

    b. Da, într-o mare parte a timpului

    c. Problemele de sănătate m-au limitat în anumite situații importante

    d. M-am simțit suficient de sănătos pentru a avea grijă de mine

    e. Am avut nevoie de cineva pentru a ma ajuta în majoritatea lucrurilor pe care a trebuit să le fac.

11. V-ați simțit triști, descurajați sau v-ați întrebat dacă merită trăită viața?

(în ultima lună)

a. Foarte mult, până pe punctul de a renunța

b. Mult

c. Moderat

d. Puțin

e. Foarte puțin

f. Deloc

12. M-am simțit foarte odihnit pe pacursul ultimei luni.

a. Deloc

b. Uneori

c. De câteva ori

d. O mare parte a timpului

e. Aproape tot timpul

f. Tot timpul

13. Ați fost preocupat sau îngrijorat față de unele temeri referitoare la starea dvs de sănătate?

a. Extrem

b. Foarte mult

c. Moderat

d. De câteva ori

e. Aproape niciodată

f. Deloc

14. Aţi avut vreun motiv să credeţi că aţi pierdut controlul asupra modului în care gândiţi în ultima lună?

   a. Deloc

   b. Doar puţin

   c. Puţine

   d. Câteva şi mă preocupă puţin

   e. Câteva şi sunt preocupat de asta

   f. Foarte mult şi mă preocupă într-o mare măsură

15. Viaţa mea cotidiană a fost plină de lucruri care au fost interesante pentru mine în ultima lună.

   a. deloc

   b. puţine momente

   c. uneori

   d. o mare parte din timp

   e. aproape tot timpul

   f. tot timpul

16. V-aţi simţit activ sau lent în ultima lună?

   a. Foarte activ în fiecare zi

   b. În mare parte activ, dar nicodată mohorât si lent

   c. În mare parte activ, dar câteodată mohorât şi lent

   d. În mare parte mohorât şi lent, dar câteodată activ

   e. În mare parte mohorât şi lent şi aproape niciodată activ

f. Foarte mohorât în fiecare zi

17. Aţi fost anxios, supărat sau îngrijorat?

    a. Extrem

    b. Foarte mult

    c. Moderat

    d. De câteva ori

    e. Aproape niciodată

    f. Deloc

18. Am fost din punct de vedere emoţional stabil şi sigur (cu referire la ultimă lună).

    a. Deloc

    b. Uneori

    c. De câteva ori

    d. O mare parte a timpului

    e. Aproape tot timpul

    f. Tot timpul

19. V-aţi simţit relaxat şi calm sau dimpotrivă cu nervii întinşi la maxim în ultima lună?

    a. Relaxat şi calm toată luna

    b. Relaxat şi calm aproape toată luna

    c. În general m-am simţit relaxat, dar au fost momente când m-am simţit încordat

d. În general m-am simţit încordat dar au fost şi moment în care m-am simţit relaxat

e. Aproape tot timpul am fost încordat

f. Toată luna am fost încordat

20. M-am simţit voios în ultima lună.

a. Deloc

b. Uneori

c. De câteva ori

d. O mare parte a timpului

e. Aproape tot timpul

f. Tot timpul

21. M-am simţit obosit şi epuizat în ultima lună.

a. Deloc

b. Uneori

c. De câteva ori

d. O mare parte a timpului

e. Aproape tot timpul

f. Tot timpul

22. V-aţi simţit sub presiune sau sub stres în ultima lună?

a. Da,chiar mai mult decât puteam suporta

b. Da,m-am confruntat cu un nivel ridicat de stress

c. Da,m-am confruntat cu un nivel de stress mai mare decât deobicei

d. Da,însă nivelul de stres nu a fost mai mare decât de obicei

e. Da,însă nivelul de stres a fost relativ scăzut

Anexa 2

INTERVIU SEMISTRUCTURAT

I.DATE PERSONALE:

1.Nume si prenume :

2.Data naşterii:

3.Vârsta:

4.Diagnosticul:

5.Ce religie aveti?:

6.Puteţi să-mi descrieţi rolul religiei în viaţa dumneavoastră?

7.Având în vedere rolul religiei dumneavoastră, cât de credincios vă simţiţi?

   1=putin,2=moderat,3=puternic

8.Vă amintiţi de momente în care credinţa v-a ajutat într-un fel sau altul?

9.Ce studii aveţi?

10.Ce profesie aveţi/aţi avut înainte?

11.Puteţi să-mi vorbiţi despre boala dumneavoastră? (diagnosticul)

12.Puteţi să-mi vorbiţi despre boala dvs?

13.Consideraţi că această boală este o problemă pentru dumneavoastră? Puteti să-mi vorbiţi despre acest lucru?

II.STAREA PREZENTA A SUBIECTULUI:

A. Simptomatologia actuală

- De când aveti acestă boală?
- Puteţi să-mi descrieţi boala cu care vă confruntaţi?
- Înţeleg că există anumite lucruri pe care nu le puteţi face fără ajutor, pe care dintre acestea aţi dori foarte tare să le puteti face singur/ă?Ce vă impiedică să le puteţi face singur/ă?
- Ce îngrijiri speciale implică boala dumneavoastră?
- Aţi frecventat anumite centre pentru a vi se oferi tratament sau pentru a participa la programe de recuperare ?
- Daca aţi frecventat, puteţi să-mi descrieti activităţile la care aţi participat?
- Ce medicamente consumaţi?
- Obişnuiţi să vă luaţi singur medicamentele?
- Dacă se intamplă să uitaţi, cine vă aminteşte?
- În trecut,aţi consumat un medicament care a avut un efect neplăcut asupra stării dvs de sănătate?
- Beneficiaţi de tratamentul medicamentos gratuit?

- Ați putea să-mi vorbiți despre momentul când vi s-a comunicat diagnosticul,ce ați simțit în acele momente?
- Ați putea să-mi spuneți cine v-a comunicat diagnosticul?
- Cum v-ati simțit în legatură cu acel eveniment ?
- Ați simțit nevoia vreunui ajutor în aceea perioadă? (ce tip,cine v-a ajutat,vi s-a oferit așa cum l-ați fi dorit)
- Doriți să aflați cât mai multe informații despre boala dvs?
- Se întamplă probabil să aveti nelamuriri sau să nu vă simțiți bine în legătura cu starea dvs. de sănătate la un moment dat. Cum ați reacționat în astfel de moment?Apelați de obicei la cineva?

B. *Impactul simptomatologiei*

- Cum ați reușit să vă obișnuiți cu boala/această stare?
- Ce simțiți că vă deranjează cel mai mult referitor la boala/starea dvs.?
- Ce ați dori să faceți și boala vă impiedică?Cum vă simțiți în aceasta situatie?
- Ce anume simțiți că ar trebui să se schimbe ,pentru ca starea dumneavoastră să se îmbunătățească?
- Referitor la boala dvs există ceva care vă sperie? Puteți să-mi vorbiți despre acest lucru?
- Puteți să-mi descrieți o zi obisnuită din viata dvs, ce activități realizați?
- Cum va petreceti de obicei timpul;care sunt activitățile pe care le desfășurați dvs?Ați dori să-mi spuneți câteva cuvinte despre aceasta?
- Acestea le făceați și înainte sau exista anumite modificări de când a apărut boala?
- Cum resimțiți această modificare?

- Aveţi şi activitati pe care nu le făceaţi înainte şi care acum vă fac plăcere?
- Există activităţi care vă faceau plăcere în trecut şi pe care boala le impiedică să le realizaţi acum?Cum vă împăcaţi cu această situaţie?
- Ma gândesc că boala dvs. a implicat anumite schimbari pe mai multe planuri,aţi putea să-mi vorbiţi despre aceste modificări survenite?
- Care vi s-a părut cele mai importante şi de asemenea cele mai dificile?

II.SONDAREA PERSONALITĂŢII

Trasaturi manifeste ale personalitatii

- Puteţi să vă descrieţi pe dumneavoastră în câteva cuvinte?
- Considerati ca starea dvs. de sanatate a contribuit in vreun fel la modificarea imaginii pe care o aveti în prezent despre boală?
- Care consideraţi că ar fi cele mai importante puncte slabe şi calităţi ale dvs.?
- Ce aţi dori sa se schimbe in legatura cu imaginea dvs?
- Există anumite aspect dintre acestea care vă deranjeaza permanent?
- Consideraţi că s-ar putea schimba ceva în acest sens?

Comportament interpersonal

- Aveți un cerc de prieteni? (câți prieteni aveți)
- Inteleg ca aveti un cerc de prieteni, doriți să-mi spuneți cum vă simțiți în prezența lor?
- Cum ați putea descrie relatia dvs cu prietenii apropiati?
- Cum și cât de des luati de obicei legătura cu prietenii dvs? De obicei aveti dvs. aceasta initiativa sau dânșii? Puteti să-mi descrieți această situație?
- De la apariția bolii considerați că ati pierdut sau mai degrabă ați câștigat prieteni? Puteți să vorbiți despre această situație?
- Ați putea să-mi spuneți cine sunt persoanele cele mai importante pentru dvs și să-mi vorbiți puțin despre ele?
- Ce părere credeți că au prietenii despre dvs.?
- Cum v-ați dorii să vă privească aceștia?
- Considerați că ar trebui să se schimbe ceva in relația cu aceștia, puteți să-mi vorbiți despre acest lucru?Puteți să-mi descrieti în câteva cuvinte relația dvs.?
- Preferați să vă petreceți timpul cu prietenii sau mai degrabă doriți să stați singur?
- Vă simțiți interesat de trăirile celor din jur ,de ceea ce li se intamplă celor apropiați?
- Cum reactionați deobicei la trăirile ,emoțiile celor apropiați?
- Mă gândesc că sunt situații in care aveți nevoie să apelati la ajutorul cuiva (din familie,prieten sau specialist) cum resimțiti acest lucru?
- Care dintre aceste cazuri vă este cel mai ușor/dificil?
- Cine vă ajuta de obicei să vă satisfaceti nevoile zilnice în casă?
- Cum simțiți acest ajutor (ca pe ceva deranjant sau nu)?

- Probabil aveţi şi dvs moment în care simtiti nevoia să vorbiţi cu cineva care să vă înţeleagă, aveţi pe cineva la care să apelaţi în aceste momente?
- Puteţi să-mi vorbiţi despre această persoană/persoane?

IV.DINAMICA ŞI STRUCTURA PERSONALITĂŢII

Sondarea motivaţiei personale

- Ce aţi dori cel mai mult să se schimbe in viitor referitor la starea dvs de sănătate şi de gradul de independenţă?
- Credeţi că acest lucru este posibil?
- De cine sau de ce depind aceste modificari?
- Ma gândesc că aveţi anumite aşteptări, dorinţe legate de viitor, de anumite vise,aţi dori să-mi vorbiti despre aceasta?
- Vedeţi aceste dorinţe ca fiind ceva realizabil, de cine sau de ce ar depinde?

V.DETERMINANŢII SOCIALI AI SITUAŢIEI CURENTE DE VIAŢĂ

A.Calitatea de membru în diferite grupuri şi rolul de membru

- Înţeleg că aveţi un grup de prieteni, în afara de acest lucru, mai sunteţi membrul vreunui grup important pentru dvs?
- Puteti să-mi vorbiti despre aceasta şi depre relatia dvs cu persoanele din aceste grupuri?

B.Familia

- Puteţi să-mi descrieţi în cateva cuvinte familia dvs?
- Aţi putea să-mi descrieţi relaţia cu familia dvs?
- Ce rol are familia dvs în rezolvarea unor conflicte, probleme cu care va confruntaţi la un moment dat?
- Puteţi să-mi descrieti reacţia familiei dvs la boala pe care o aveţi?
- Puteţi să-mi vorbiti despre ajutorul pe care-l primiţi de la membrii familiei de obicei?
- Ce rol are familia în viaţa dvs?

C.Personalul medical

- Puteţi să-mi descrieţi în cateva cuvinte medicul dvs?
- Aţi putea să-mi descrieţi relaţia cu medicul dvs?
- Ce rol are medicul dvs în îmbunătăţirea stării dvs de sănătate?
- Obişnuiţi să vorbiţi deschis cu medicul dvs despre starea dvs de sănătate?
- Respectaţi tratamentul prescris de medic?
- Puteţi să-mi descrieţi în ce constă tratamentul dvs .De câte ori pe zi consumaţi aceste medicamente?
- Ce rol credeţi că are psihologul în îmbunătăţirea stării dvs de sănătate?
- Cum resimţiţi acest ajutor (ca pe ceva deranjant sau nu)?

VI. STRESORI MAJORI ŞI POTENŢIALE DE COPING

- Aţi putea să-mi vorbiti despre dvs şi despre anumite evenimente importante din viaţa dvs?
- Vă amintiţi câteva momente dificile din viata dvs.? puteţi să-mi vorbiti despre aceste evenimente?
- Mă gândesc că aveti şi dumneavoastra momente mai dificile în care vă simţiţi supărat şi tensionat, aţi putea să-mi spuneţi ce faceţi /cum reacţionaţi în aceste momente, cum vă simtiţi?
- Cu siguranţă sunt situatii care va provoaca neliniste şi frică, puteţi să-mi enumeraţi şi să-mi vorbiti despre asemenea situaţii şi cât de frecvente sunt acestea?
- Ce consideraţi că vă produce cel mai mult stress în viaţa de zi cu zi? Cum faceti faţă acestui stres?

Anexa 3

Studiul de caz după Korchin

I. Starea prezentă a pacientului.

Adaptarea la situații concrete de viață

- ce sarcini, situații, roluri are de înfruntat ?
- cât de bine funcționează în cadrul lor, cum le face față?
- dinamica performanței (raport între performanța actuală și cea optimă)
- semne de alarmă
-

Problematica componenței simptomatologice

- simptom – tulburare, manifestarea unui dezechilibru reflectat de persoană (unii specialiști neagă relevanța simptomelor atât din punctul de vedere al măsurii tulburării cât și din punctul de vedere al rezultatului T, alții îi exacerbează imp. Există stări ΨP în care lipsește trăirea subiectivă a simptomelor). Adeseori intensitatea S este sursă de conflict între T-P. E absurdă negarea existenței simptomului atâta timp cât prin definiție acesta este de natură subiectivă.
- heteroanamneza. Unii o consideră a fi mai obiectivă. Este bine cunoașterea stratului obiectiv al problemei, uneori aceasta se manifestă numai în familie sau la locul de muncă, dar niciodată pentru a nega veridicitatea S acuzate de pacient.
- perspectiva examinatorului. Ce fel de semne ale tulburării psihopatologice sunt prezente? Se urmăresc: a). funcțiile psihice specifice (G, M, A, L); b). evidența suferinței psihice (prezența D, A, Agr, Obsesiilor,

Compulsiilor); c). cât de vizibile sunt conflictele supărătoare ale persoanei? (uneori conflicte mari foarte bine mascate, alteori conflicte moderate foarte vizibile, autocontrolul); d). Semne ale durerii fizice; e). automutilare, suicid.

II. Situaţia somatică a pacientului.

A.Problema integrităţii SNC

- leziuni cerebrale (diagnostic neurologic), diagnostic diferenţial
-

B. Prezenţa unor tulburări intelectuale

- caracter pur funcţional (D, Anx, Epuizare) sau organic
- alcoolism, condiţii toxice, vârsta înaintată
- diagnostic clinic, paraclinic, diagnosticul ΨC se completează reciproc

C. Probleme care ţin de sfera endocrinologiei

- simptome care apar ca şi consecinţe ale deficitului de Ca, Mg pot fi asimilate unei neurastenii.
- orientarea spre Endocrinologie, dar atenţie la ecoul psihic al simptomelor, la dezadaptare.

D. Constituţia persoanei

- componenta energetică care face parte din structura temperamentului
- robusteţea fizică, greutatea P
- aprecierea acestor elemente din perspectivă dinamică
- cauzalitatea

E. Starea vegetativă

- semnele labilității vegetative: paloare excesivă, roșeață evidentă, transpirație, ritm cardiac, ritm respirator, etc.
- exacerbarea lor până la intoleranță. Simptomatologia în condiții în care persoana se confruntă cu situații stressante.
- distonia vegetativă manifestată prin tulburări respiratorii și ale ritmului cardiac, material propice pentru acordare de semnificații. Labilitatea vegetativă plus mecanisme cognitive.

III. Probleme legate de personalitate

A. Caracteristici biologice

B. Temperamentul

- dinamica: energic, activ, letargic
- intensitatea: emoțiile sunt intense, controlate sau impulsive
- predominanța: ce fel de emoții predomină (+/-)
- adecvarea: în ce măsură emoțiile corespund vârstei, circumstanțelor, stilului de viață al P
- expresivitatea: particularități stilistice și expresive ale persoanei, cum ar fi: calitatea gesturilor (închise, compulsive, imobile)

C. Trăsături manifeste ale personalității

- cum anume se descrie persoana pe sine? (referiri spontane la propria persoană fără a fi întrebată)
- cum anume este privit de cei care o cunosc bine (date obținute de la P, heteroanamneză)

- măsura în care autoportretul și imaginea pe care ceilalți o creează se suprapun sau nu
- perceperea eronată a propriei personalități una din principalele surse de ΨP

D. Comportamentul interpersonal

- care e valoarea stimul a P, în ce măsură este apreciat, din punct de vedere valoric de cei din jur? (iubit, respectat, depreciat, izolat)
- în ce măsură acest fapt coincide cu aspirațiile sale interpersonale? (uneori rețea săracă care corespunde așteptărilor, alteori și o rețea extinsă e trăită dramatic ca fiind insuficientă)
- extensia, intensitatea, profunzimea relațiilor interpersonale: sursă de echilibru sau insatisfacție. a). nr. obiectiv al contactelor interpersonale (ele însele nu înseamnă nimic, doar raportate la ceea ce persoana și-ar dori);
- b). profunzimea relațiilor (cât de apropiate sunt persoanele, se investighează relațiile de referință, ierarhia relațiilor);

IV. Dinamica și structura personalității

A. Motive și emoții

- motive conștiente și inconștiente majore. A nu sesiza motivele inconștiente nu înseamnă că acestea nu există. Pot dezorganiza personalitatea.

- inter-relațiile între diferitele motivații (rel. de sub-, supraordonare, influențare reciprocă), conflicte care ar reprezenta sursa emoțiilor
- trăiri negative (Anx, sentim de culpă, rușine, păcat, jenă)
- care sunt sursele de plăcere ale persoanei, fanteziile, dorințele manifeste sau mascate
- dinamica motivelor una din principalele surse de echilibru sau dezechilibru
- principala sursă a sănătății psihice, satisfacerea cât mai completă a nevoilor fundamental umane: Maslow (3 superioare: iubire, respect, autorealizare); Jankovski: stimulare optimă, contacte umane adecvate. Hebb, cel mai periculos este când dispare speranța satisfacerii dorințelor.

B. Principii morale, valori, atitudini sociale

- percepte, norme majore după care se ghidează persoana
- particularitățile conștiinței sale: rigidă, coruptibilă, sublimul lipsește, punitivă
- în ce măsură idealurile sunt mature
- în ce măsură există flexibilitate în realizarea lor sau impulsivitate în urmărirea lor
- imaturitatea morală

C. Funcțiile și identitatea Eului

1. Forța Eului

- comportamentul este autoinițiat și controlat din interior sau P așteaptă ca să fie dirijat dinafară

- sunt impulsurile modulate sau nu
- dacă persistă sau nu în urmărirea realizării scopurilor. Inițiere, urmărire/abandon/căutarea a altceva
- își păstrează sau nu obiectivitatea și perspectiva

2. Mecanisme defensive și coping

- mecanismele defensive sunt completate de mecanisme coping eficiente
- eficiența actuală a mecanismelor defensive
- modul în care ambele tipuri de mecanisme sunt puse în lucru

3. Organizarea gândirii, controlul și stilurile cognitive

- care sunt stilurile cognitive prin care P abordează problemele cognitive (reducerea/accentuarea complexității problemei)
- complicarea conduce adeseori la amânarea deciziei
- stil cognitiv neadecvat, inadaptare: a nu privi problema în față așa cum este ea
- în ce măsură P poate tolera ambiguitatea, criteriu diagnostic important
- relația între incertitudine și amânare

4. Inteligența, abilitățile, competențele

- care sunt aptitudinile, talentele, interesele, preocupările, comportamentul vocațional, resursele intelectuale
- în ce măsură toate acestea îi permit o adaptare fără dificultăți insurmontabile la viața de zi cu zi
- în ce măsură bagajul de abilități poate susține realizarea deciziilor cu implicații foarte mari

5. *Identitatea şi imaginea de sine*

- ce părere are despre propria persoană, propria imagine
- care sunt aspiraţiile sale
- cât respect are faţă de sine
- pe ce anume se bazează acest respect
- relaţia eu real/actual/ideal, „ough to be self"

V. Determinanţii sociali ai situaţiilor curente de viaţă

A. <u>Calitatea de membru în diferite grupuri şi rolul de membru</u>

- care sunt grupurile din care P face parte
- din câte grupuri face parte
- care dintre ele deţin ponderea cea mai mare în realizarea identităţii sale
- care servesc ca grup de referinţă
- ce fel de roluri deţine persoana
- care dintre roluri e considerată a fi de importanţă majoră
- în ce măsură identitatea personală şi cea socială sunt congruente
- în ce măsură consideră P că împărtăşeşte caracteristicile de grup sau de masă
- selecţia pe care el o face spune multe despre aspiraţii, dorinţe
- capacitatea de integrare în grup
- poziţia pe care o are în grup: alfa-liderii, beta-marea masă, gama-persoane care se răzvrătesc împotriva autorităţii liderului, dar sunt catalizatori care contribuie la reorganizarea grupului, periferia grupului

B. Familia

- şcoala de la Palo-Alto: orice psihoterapie în final este o psihoterapie a familiei
- multe din problemele cu care venim în contact îşi au originea în familie, iar terapia individuală are profunde implicaţii asupra vieţii familiei
- în ce măsură problemele P se repercutează asupra vieţii lui de familie, a supra partiturii sale din familie
- în ce măsură reintegrarea P în familia care este implicată în geneza problemei, va conduce la reapariţia acesteia
- problema deciziei privind instituirea unei terapii familiale sau a cuplului
- care este structura relaţiilor importante din familie
- relaţiile dintre anxietate ca trăsătură şi relaţia mamă-copil
- relaţia între sch. şi double bind (legătura dublă)
- relaţia între bolile psihosomatice şi familie
- tendinţa de reproducere în F actuală a modelelor preluate din F de origine
- în cadrul F actuale: relaţia dintre soţi: comunicarea, conflictualitatea, gradul de satisfacere a intereselor proprii

C. Educaţi şi munca

- CV: şcolile absolvite, principalele staţii ale carierei
- satisfacţii/insatisfacţii, aspiraţii,
- cât timp liber rămâne
- hobby-uri, pasiuni
- timp pentru nevoi culturale, sportive

D. Probleme de ecologie socială

- particularitățile comunității în care trăieşte persoana
- dacă se simte acasă sau e înstrăinată, alienată de acest anturaj
- în ce măsură se identifică cu scopurile majore ale comunității, implicare activă sau nu
- care sunt particularitățile mediului ambiant în care trebuie să trăiască (zgomotos, urât, aglomerat)
- măsura posibilității satisfacerii nevoilor estetice (Maslow, sănătatea psihică)

VI. Stressori majori şi potențialul de coping

- care sunt stressurile majore la P e expus zi de zi
- în ce anume constau
- depăşesc acestea potențialul său de control (sărăcia, şomajul, boala fizică)
- decizia examinatorului: situația se impune şi dincolo de o anumită limită nu mai poate face nimic sau situație în care P poate hotărî dacă suportă stressul sau încearcă să rezolve problem
- se confruntă cu tensiuni permanente în relațiile interpersonale
- cu solicitări, muncă excesivă, competiție
- în ce măsură este capabil să evite sau să reducă stressul cu care se confruntă zi de zi
- care sunt acele resurse personale sau sociale care îi stau la dispoziție
- atenție la stressurile majore dar şi la „picăturile de apă", la tracasările zilnice
- căutarea/evitarea senzațiilor
- diferențe mari în toleranța la stres, nevoia de stres

- importante sunt componentele stressului: sstresori (stimulii); acordarea de semnificație, evaluarea, interpretarea, etichetarea și haloul emoțional; reacția fiziologică
- relația dintre boala organică și stres

VI. Dezvoltarea personalității

- munca arheologică a T, ecuația personală
- cum, prin ce mecanisme personalitatea P a devenit ceea ce este
- primele experiențe ale persoanei care aveau șansa de a pune amprenta
- istoricul relațiilor personale semnificative
- identificarea acelor modele critice cu care P s-a identificat, idealurilor
- principalele experiențe din care a putut rezulta o învățătură pe termen lung (traumă, importanța este dată de semnificația subiectivă dată de P)
- accidente, îmbolnăviri
- realizarea unor rezultate superioare într-un domeniu sau altul
- reconstituirea secvențialității influențelor sociale asupra copilului
- succesul/insuccesul cu care a trecut de la o etapă la alta a vieții
- în ce măsură a făcut și face față noilor provocări ale vieții
- există sau nu tendința de a se crampona de modalități comportamentale care pot fi inadaptative, dar care tocmai prin stabilitatea lor îi asigură siguranță

- capacitatea de a-și suma noi roluri sau nevoia subiectivă de a păstra un repertoriu îngust și invariabil.

VII. Formularea cazului

A. Interpretarea sintetică a personalității

- conturarea personalității pe baza sintetizării punctelor anterioare
- rezumatul în termeni: descriptivi, structurali, dinamici și genetici
- se reține doar ceea ce se poate argumenta ca a avea importanță cardinală din punctul de vedere al personalității individului, din punctul de vedere al problemei cu care a recurs la ΨT, urmărim în ce măsură această creionare a personalității este capabilă să explice geneza problemei P, în ce măsură poate furniza o bază de intervenție terapeutică ulterioară.
- ce funcție îndeplinesc simptomele P în economia personalității lui, în ce măsură acestea contribuie la prevenirea unui dezechilibru, a unei tulburări și mai mari-beneficiul primar (atenție poate împiedica realizarea scopului terapeutic). Beneficiul secundar care e asociat stării de boală.

B. Impresia diagnostică cuprinzătoare

- se formulează atunci când este necesar
- se decodifică examenul Ψ-ic, și se recodifică prin nomenclatura psihiatrică
- se urmărește în ce măsură constatările noastre sunt compatibile cu modelele nosologice și tablourile clinice psihiatrice

- care este principala afecțiune psihiatrică în care s-ar putea încadra, care sunt acele tulburări în cazul cărora se impune necesitatea realizării diagnosticului diferențial

C. Disfuncții specifice

- discuții în termeni funcțiilor psihice: care sunt sferele în care P poate funcționa adecvat, care sunt acele sfere în care apar disfuncțiile (limbaj, deficit mnezic, tulburări de concentrare, deficit intelectual, tulburarea gândirii abstracte, etc.)
- impulsuri nevrotice care pot fi invocate în sprijinul procedeului de clasificare a P într-una din categoriile de diagnostic psihiatric
- acestea sunt argumente pe care cel care a comandat examinarea le poate lua în considerare în propriul raționament diagnostic
- este importantă specificarea mijloacelor cu care au fost obținute
- garanția documentării reale asupra cazului

VIII. Recomandări și predicții

A. Rezultatele dorite

- care sunt acele calități ale personalității, sau ale situației care ar permite P să funcționeze într-o manieră mai eficientă și confortabilă
- care sunt principalele nevoi de dezvoltare pa care P le prezintă și care ar putea oferi obiective pentru o intervenție terapeutică

B. Intervenții posibile

C. Prognostic

EDITURA LUMEN

Str. Țepeș Vodă, nr.2, Iași

www.edituralumen.ro
www.librariavirtuala.ro

Printed in EU